제 2 판

소비자와 권리

최 병 록 저

박영사

제2판 머리말

정보통신기술(ICT)의 융합으로 이루어지는 차세대 산업혁명을 소위 '제4차 산업혁명'이라고 부르는데, 이는 18세기 초기 산업혁명 이후 네 번째로 중요한 산업시대를 말한다. 이 4차 산업혁명의 핵심은 빅 데이터 분석, 인공지능, 로봇공학, 사물인터넷, 무인 운송 수단(무인 항공기, 무인 자동차), 3차원 인쇄, 나노 기술과 같은 7대 분야에서 새로운 기술 혁신을 들 수 있다. 이러한 새로운 기술혁신시대에 소비환경은 놀랍도록 변화하고 하루가 다르게 첨단과학기술이 접목된 각종 제품이나 서비스를 사용하거나 이용하게 되어 소비자의 권리가 어느 때보다 중요하게 되었다.

소비자문제는 여전히 법률문제이며, 소비자들도 소비자관련법의 내용을 숙지하고 있어야 사업자의 책임을 추궁하는 데 유익하게 활용할 수 있다.

본서가 2019년 7월에 처음 출간된 이후 독자들로부터 많은 사랑을 받았으나 소비환경의 변화와 다양한 제품 및 서비스의 출현, 소비자관련법의 개정이 이루어진 점을 반영하여 개정작업을 더 이상 지체할 수 없게 되었다.

이에 소비자관련법의 개정부분을 반영하고 사례와 판례를 보충하여 독자들이 보다 쉽게 이해하고 실생활에 적용할 수 있도록 보완하였다.

저자가 소속된 서원대학교에서는 2019년부터 교양교과목으로 개설된 '소비자와 권리'는 오프라인 강의로 시작되었다가 현재 온라인 강의로 변경되어 많은 학생들로부터 수강신청이 이루어지고 있어서 더욱 더 알찬 내용으로 수정하여야 하는 의무감과 함께 동기부여가 되었다.

이번 개정판이 차세대 소비자주체인 대학생들뿐만 아니라 기성세대들과 기업의 소비자전문가들에게까지 모두 유익한 참고자료가 되기를 기대한다.

2024년 2월
저 자

머 리 말

현대사회에서 우리 소비자는 각종 제품이나 서비스를 사용하거나 이용하지 않고는 하루도 살기 어려운 환경에 처해 있다. 소비자가 구입한 물품과 서비스로부터 제대로 품질보증을 받지 못하는 경우도 많지만 심지어 소비자의 생명이나 신체 또는 재산에까지 손해를 입게 되는 사례도 비일비재하게 발생하고 있어서 심각하다.

오랫동안 소비자정책과 소비자법에 관심을 가지고 연구해온 필자로서는 여전히 소비자들은 소비자의 권리를 침해당하여 깊은 슬픔에 빠지고 다양한 형태의 불만을 표시하고 있으나 구제받는 것이 요원한 경우도 많다는 점을 깊이 인식하여 저술에 착수하게 되었다.

본서는 미국의 케네디 대통령이 1962년 처음으로 소비자의 권리를 선언한 이후, 우리나라 소비자기본법에 소비자의 8대 기본적인 권리로 규정한 것과 국제소비자기구(CI)에서도 어떠한 권리를 소비자권리로 선언하고 있는지에 대하여 살펴보고 있다.

또한 소비자의 권리와 직접적인 관련이 있는 소비자기본법과 소비자 관련 법률들 중에서 할부거래에 관한 법률, 방문판매 등에 관한 법률, 전자상거래 등에서의 소비자보호에 관한 법률, 약관의 규제에 관한 법률, 제조물책임법, 민법과 상법에서 소비자관련 규정을 중심으로 어떻게 구체적으로 규정하고 있으며, 이러한 권리를 행사하는 방법 및 절차에 대하여도 살펴보았다.

또한 중요한 쟁점에 대하여 우리 법원에서 어떠한 입장을 취하고 있는지 대법원판례를 비롯하여 하급심판례의 판결요지를 중심으로 살펴보았다.

무엇보다도 소비자는 자신이 소비자로서 어떠한 권리를 가지고 있으며, 나아가 어떠한 책무를 지고 있는지 알고 올바르게 행사하는 것이 필요하다. 또한 권리를 행사하더라도 민법 제2조에서 규정하고 있는 '신의성실의 원칙'에 따라 권리의 행사와 의무의 이행은 신의에 좇아 성실히 하는 자세가 필요하다.

이 책은 소비자법과 제도를 전문적으로 공부하고자 하는 학생, 기업체의 소비자업무(고객관련 업무)를 맡고 있는 임직원, 법조 관계자 또는 일반 소비자들에

게 소비자법과 소비자권리를 이해하고 권리를 행사하는 데 좋은 정보를 제공하
게 될 것으로 믿는다.

　　본서가 출간되기까지 출판시장의 어려운 여건에도 불구하고 기꺼이 출간해
주신 박영사 안종만 회장님을 비롯한 임직원 모두에게 진심으로 감사를 드립니다.

2019년 7월

저　자

차 례

제1장 소비자권리와 책무, 사업자의 의무

제 1 절 소비자의 권리   15

제 2 장   소비자권리를 규정한 소비자법

제 1 절   소비자기본법   32

제 2 절　할부거래에 관한 법률　51

제 5 절 약관의 규제에 관한 법률 130

제 6 절 제조물책임법

제 7 절 민법 및 상법 172

제1장

소비자권리와 책무, 사업자의 의무

제1장

소비자권리와 책무, 사업자의 의무

제1절 | 소비자의 권리

1. 소비자기본법에서의 소비자권리

우리나라에서 소비자보호에 관한 법적 근거는 1980년 8차 개정 헌법에서 최초로 소비자보호운동에 관한 규정을 둔 것이다(헌법 제125조). 그 후 1986년 9차 개정 현행 헌법에서 소비자보호라는 표제 아래 "국가는 건전한 소비행위를 계도하고 생산품의 품질향상을 촉구하기 위한 소비자 보호운동을 법률이 정하는 바에 의하여 보장한다."(헌법 제124조)라고 규정하여 소비자권리를 간접적으로 인정하고 있다.

1980년에 제정된 최초의 소비자보호법은 소비자권리를 명시적으로 규정하고 있지 않았으며, 1986년 제1차 전부개정시 소비자를 정의하고 권리주체로 인식하여 일곱 가지 소비자권리를 규정하였다(소비자보호법 제3조). 그 후 2001년 제6차 일부개정시 환경에 대한 소비자의 권리를 추가하였다(소비자보호법 제4조 제8호).

현재 소비자기본법에서 규정한 소비자의 8대 기본적 권리를 살펴보면 다음과 같다(소비자기본법 제4조 제1호 내지 제8호, 이하 '동법'이라 한다.).

가. 안전할 권리

물품 또는 용역(이하 "물품 등"이라 한다)으로 인한 생명·신체 또는 재산에 대한 위해로부터 보호받을 권리를 말한다.

나. 알권리(정보를 제공받을 권리)

물품 등을 선택함에 있어서 필요한 지식 및 정보를 제공받을 권리를 말하며, 이를 소비자의 알권리라고도 한다.

다. 선택할 권리

물품 등을 사용함에 있어서 거래의 상대방·구입 장소·가격 및 거래조건 등을 자유로이 선택할 권리를 말한다.

라. 의견을 반영할 권리

소비생활에 영향을 주는 국가 및 지방자치단체의 정책과 사업자의 사업 활동 등에 대하여 의견을 반영시킬 권리를 말한다.

마. 피해보상을 받을 권리

물품 등의 사용으로 인하여 입은 피해에 대하여 신속·공정한 절차에 따라 적절한 보상을 받을 권리를 말한다.

바. 교육을 받을 권리

합리적인 소비생활을 위하여 소비자는 필요한 법과 제도 등 다양한 정보나 지식에 대한 교육을 받을 권리를 말한다.

사. 단체를 조직하고 활동할 권리

소비자 스스로의 권익을 증진하기 위하여 단체를 조직하고 이를 통하여 활동할 수 있는 권리를 말한다.

아. 환경의 권리

안전하고 쾌적한 소비생활 환경에서 소비할 권리를 말한다. 환경에 대한 소비자의 권리와 역할을 명시하고 환경친화적 소비와 관련한 국가 및 사업자의 노력의무까지 규정한 것은 매우 의미 있는 개정이었다(동법 제3조·제4조·제11조 및 제15조 등).

[판례] [1] 소비자가 자신이 겪은 객관적 사실을 바탕으로 인터넷에 사업자에게 불리한 내용의 글을 게시하는 행위에 정보통신망 이용촉진 및 정보보호 등에 관한 법률 제70조 제1항에서 정한 '사람을 비방할 목적'이 있는지 판단하는 방법
　[2] 甲운영의 산후조리원을 이용한 피고인이 인터넷 카페나 자신의 블로그 등에 자신이 직접 겪은 불편사항 등을 후기 형태로 게시하여 甲의 명예를 훼손하였다고 하여 정보통신망 이용촉진 및 정보보호 등에 관한 법률 위반으로 기소된 사안에서 처벌할 수 있는지 여부

[1] 국가는 건전한 소비행위를 계도(啓導)하고 생산품의 품질향상을 촉구하기 위한 소비자보호운동을 법률이 정하는 바에 따라 보장하여야 하며(헌법 제124조), 소비자는 물품 또는 용역을 선택하는 데 필요한 지식 및 정보를 제공받을 권리와 사업자의 사업활동 등에 대하여 소비자의 의견을 반영시킬 권리가 있고(소비자기본법 제4조), 공급자 중심의 시장 환경이 소비자 중심으로 이전되면서 사업자와 소비자의 정보 격차를 줄이기 위해 인터넷을 통한 물품 또는 용역에 대한 정보 및 의견 제공과 교환의 필요성이 증대되므로, 실제로 물품을 사용하거나 용역을 이용한 소비자가 인터넷에 자신이 겪은 객관적 사실을 바탕으로 사업자에게 불리한 내용의 글을 게시하는 행위에 비방의 목적이 있는지는 해당 적시 사실의 내용과 성질, 해당 사실의 공표가 이루어진 상대방의 범위, 표현의 방법 등 표현 자체에 관한 제반 사정을 두루 심사하여 더욱 신중하게 판단하여야 한다.

[2] 甲운영의 산후조리원을 이용한 피고인이 9회에 걸쳐 임신, 육아 등과 관련한 유명 인터넷 카페나 자신의 블로그 등에 자신이 직접 겪은 불편사항 등을 후기 형태로 게시하여 甲의 명예를 훼손하였다는 내용으로 정보통신망 이용촉

진 및 정보보호 등에 관한 법률 위반으로 기소된 사안에서, 피고인이 인터넷 카페 게시판 등에 올린 글은 자신이 산후조리원을 실제 이용하면서 겪은 일과 이에 대한 주관적 평가를 담은 이용후기인 점, 위 글에 '甲의 막장 대응' 등과 같이 다소 과장된 표현이 사용되기도 하였으나, 인터넷 게시 글에 적시된 주요 내용은 객관적 사실에 부합하는 점, 피고인이 게시한 글의 공표 상대방은 인터넷 카페 회원이나 산후조리원 정보를 검색하는 인터넷사용자들에 한정되고 그렇지 않은 인터넷 사용자들에게 무분별하게 노출되는 것이라고 보기 어려운 점 등의 제반 사정에 비추어 볼 때, 피고인이 적시한 사실은 산후조리원에 대한 정보를 구하고자 하는 임산부의 의사결정에 도움이 되는 정보 및 의견 제공이라는 공공의 이익에 관한 것이라고 봄이 타당하고, 이처럼 피고인의 주요한 동기나 목적이 공공의 이익을 위한 것이라면 부수적으로 산후조리원 이용대금 환불과 같은 다른 사익적 목적이나 동기가 내포되어 있다는 사정만으로 피고인에게 甲을 비방할 목적이 있었다고 보기 어려운데도, 이와 달리 보아 유죄를 인정한 원심판결에 같은 법 제70조 제1항에서 정한 명예훼손죄 구성요건요소인 '사람을 비방할 목적'에 관한 법리오해의 위법이 있다.

〈대법원 2012. 11. 29. 선고 2012도10392 판결〉

[참고] 권리와 의무, 책무의 비교

(1) **권리**는 일정한 이익을 향유하기 위해 법이 인정한 힘(통설: 권리법력설)이라고 정의한다. 권리는 공법상의 권리인 공권과 사법상의 권리인 사권으로 나누어진다.

(2) **의무**는 의무자의 의사와 관계없이 반드시 따라야 할 법률상의 구속을 말한다. 의무를 이행하지 않으면 권리자인 상대방이 법에 의해 이행을 강제하거나 손해배상을 청구할 수 있다. 의무는 다시 '작위의무'와 '부작위의무'로 나뉘는데, 작위는 어떤 행위를 하여야만 하는 것이고, 부작위는 어떤 행위를 하지 말아야 한다는 뜻이다.

(3) **책무(간접의무)**는 책무를 지고 있는 자가 따라야 하지만 책무를 위반할 경우에는 법에 의하여 일정한 불이익이 부과될 뿐이고 의무처럼 상대방이 책무를 강제하거나 손해배상을 청구할 수는 없다. 따라서 책무위반에 대하여 상대방이 책무를 강제하거나 손해배상을 청구할 수는 없다. 책무의 대표적

인 예를 든다면, 승낙기간을 정한 청약의 경우, 승낙자가 그 기간 안에 충분히 청약자에게 도착할 수 있다고 보여지는 방법으로 승낙의 표시를 보냈는데(예를 들면 등기우편) 특별한 사정으로 연착되었다면 청약자는 그 연착의 통지를 하여야 한다. 만약 통지를 하지 않았다면 연착되지 않은 것으로 인정되어 계약이 성립하게 된다. 이러한 '연착통지의무'가 바로 간접의무(책무)이다. 이것은 승낙자가 연착통지를 해 달라고 청구할 수 있는 권리도 아니며, 통지를 하지 않았을 경우 원하지 않았어도 계약이 성립되어 청약자가 불이익을 받을 뿐이다(민법 제528조). 그 밖에 증여자의 하자고지의무(민법 제559조 제1항), 사용대차에서 대주의 하자고지의무(민법 제612조) 등도 간접의무에 포함된다.

2. 미국의 소비자권리 선언과 발전

오늘날과 같은 소비자의 권리가 중요하게 선언된 것은 1962년 3월 15일에 미국의 케네디(John F. Kennedy) 대통령이 의회에 보낸 연두교서에서 출발하였다. 케네디 대통령은 연두교서 "소비자이익의 보호에 관한 특별교서"에서 소비자권리 선언(Consumer Bill of Rights)을 하면서 구체적으로 네 가지 소비자권리를 제시하였다.

케네디 대통령이 선언한 소비자의 권리는 네 가지로는 ① 안전할 권리(The right to safety), ② 알권리(The right to be informed), ③ 선택할 권리(The right to choose), ④ 의견을 반영시킬 권리(The right to be heard)이다.

그 후 미국에서는 1969년 닉슨 대통령이 ⑤ 구제받을 권리(The right to re-dress)를, 1975년 포드 대통령은 ⑥ 교육받을 권리(The right to education)를, 1994년 클린턴 대통령은 ⑦ 서비스를 받을 권리(The right to service)를 각각 추가하였다.[1]

가. 안전할 권리

소비자가 건강과 생명에 위험한 제품의 판매로부터 보호받을 권리를 말한

---

1) 김성천, 「소비자권리 : 과거, 현재 그리고 미래」, 소비자정책동향 제33호(2012. 5. 30).

다. 우리가 쓰는 수많은 종류의 제품이나 서비스로부터 각종 위험에 노출되어 있고 또한 실제로 많은 피해자가 발생하고 있는 실정이다. 무엇보다도 소비자의 안전할 권리는 다른 소비자의 권리보다도 더 중요하다고 할 수 있다.

나. 알권리(정보를 제공받을 권리)

사기, 기만, 심각하게 오인하는 각종 정보, 광고, 표시 등으로부터 보호받고, 선택하는 데 필요한 지식이나 정보를 얻을 권리를 말한다. 실제로는 소비자가 필요로 하는 정보는 제대로 제공되지 않고 소비자로 하여금 제품이나 서비스를 구매하도록 유혹하거나 기만하는 정보가 넘쳐나고 있는 실정이다.

다. 선택할 권리

다양한 물품과 용역을 가능한 한 경쟁력이 있는 가격으로 사용할 수 있도록 보장받을 권리를 말하며, 나아가 경쟁이 배제되고 정부규제가 대체되는 업종에 대해서는 만족스러운 품질과 서비스를 공정한 가격으로 제공받을 권리를 말한다.

소비자는 제품이나 서비스를 선택할 때 필요한 정보는 가격이나 품질, 안전성, 거래조건 등인데도 불구하고 거짓정보나 과장된 정보로 인하여 선택을 강요받거나 선택권이 침해되고 있는 실정이다.

라. 의견을 반영시킬 권리

정부 정책에서 소비자 이익이 충분히 배려되고, 행정절차에서 공정하고 신속하게 대우받을 권리를 말한다. 즉, 소비생활에 영향을 주는 국가 및 지방자치단체의 정책과 사업자의 사업 활동 등에 대하여 소비자의 소리(VOC)를 반영시킬 권리이다.

마. 구제를 받을 권리

물품 등의 사용으로 인하여 입은 피해에 대하여 신속·공정한 절차에 따라 적절한 보상을 받을 권리를 말한다.

바. 교육을 받을 권리

합리적인 소비생활을 위하여 소비자는 필요한 법과 제도 등 다양한 정보나 지식에 대한 교육을 받을 권리를 말한다.

사. 서비스를 받을 권리

계급이나 성별의 차이에도 불구하고 공정하고 적정한 서비스를 제공받거나 불필요한 서비스의 제공을 거부할 수 있는 권리를 말한다.

3. 국제소비자기구(CI)의 소비자권리

국제소비자기구(Consumer International; CI)[2]는 1960년에 설립되어 전 세계 120개국의 250개 소비자단체가 가입하고 있는 전 세계의 유일한 민간 소비자단체의 연합기구이다.

국제소비자기구는 1980년 아시아·태평양지역회의에서 ① 필수서비스 충족 권리(The right to satisfaction of basic needs), ② 안전할 권리(The right to safety), ③ 알 권리(The right to be informed), ④ 선택할 권리(The right to choose), ⑤ 의견을 반영시킬 권리(The right to be heard), ⑥ 구제받을 권리(The right to redress), ⑦ 소비자교육 받을 권리(The right to consumer education), ⑧ 건강한 환경을 누릴 권리(The right to a healthy environment) 등 여덟 가지 소비자권리를 선언하였다.

---

2) 국제소비자기구는 처음 명칭으로 IOCU(International Organization of Consumers Union)를 사용하였으나, 1995년 CI로 바꾸었다. CI는 1983년부터 케네디 대통령이 처음으로 소비자권리를 선언한 3월 15일을 '세계 소비자의 날'로 기념하고 있다(http://www.consumersinternational.org).

제2절 | 소비자의 책무

1. 소비자기본법에서의 소비자책무

소비자는 기본적 권리를 가짐과 동시에 소비자로서 수행하여야 할 책무도 있다. 책무는 의무와는 달리 불이행에 대한 강제이행이나 손해배상책임이 따르지는 않지만 소비생활의 주체로서 매우 중요한 역할을 부여받은 것으로 본다.

소비자기본법 제5조 제1항 내지 제3항에서 소비자의 책무로 세 가지를 규정하고 있다.

첫째, 소비자는 사업자 등과 더불어 자유시장경제를 구성하는 주체임을 인식하여 물품 등을 올바르게 선택하고, 소비자기본법 제4조의 규정에 따른 소비자의 기본적 권리를 정당하게 행사하여야 한다.

둘째, 소비자는 스스로의 권익을 증진하기 위하여 필요한 지식과 정보를 습득하도록 노력하여야 한다.

셋째, 소비자는 자주적이고 합리적인 행동과 자원절약적이고 환경친화적인 소비생활을 함으로써 소비생활의 향상과 국민경제의 발전에 적극적인 역할을 다하여야 한다.

2. 국제소비자기구(CI)의 소비자책무

국제소비자기구(CI)는 1980년 아세안 소비자보호선언에서 소비자의 5대 책무를 밝혔다.

가. 비판적 의식을 가질 책무(Critical Awareness)

소비자는 소비하는 모든 재화와 용역의 유용성, 가격, 품질에 대하여 비판할 수 있어야 한다.

나. 자기주장과 행동할 책무(Action)

상품을 구입하면서 공정한 대우를 받고 있는지 확인하고 참여하여야 한다.

다. 사회적 관심을 가질 책무(Social Concern)

건전한 시민정신으로 민주사회에 기여할 수 있는 사회적 책임을 깨달아야
한다.

라. 환경에 대한 자각을 가질 책무(Environmental Awareness)

환경을 보호하고 잘 유지하도록 노력하여야 한다.

마. 연대할 책무(Solidarity)

소비자의 연대감, 조직화 없이는 소비자들은 권리를 주장할 수 없게 된다.

제3절 | 사업자의 책무와 의무

1. 소비자기본법에서의 사업자의 책무

소비자기본법 제3장 제2절에서는 "사업자의 책무 등"을 규정하고 제18조에서는 소비자권익 증진시책에 대한 협력 등, 제19조에서는 사업자의 책무, 제20조에서는 소비자의 권익증진 관련기준의 준수에 대하여 규정하고 있다.

또한 소비자기본법 제8장 소비자분쟁의 해결, 제1절 사업자의 불만처리 등, 제53조에서 소비자상담기구의 설치·운영에 적극 노력하고 관련 자격이 있는 자 등 전담직원을 고용·배치하도록 적극 노력할 책무도 부여하고 있다.

가. 소비자권익 증진시책에 대해 협력할 책무 등

소비자기본법에서 사업자에게 부여한 책무로 국가나 지방자치단체, 소비자단체와 한국소비자원 등의 소비자권익 증진시책에 협력할 것을 요구하고 있다 (동법 제18조 제1항 내지 제4항). 여기서 책무라는 것은 의무와는 다르다. 책무는 일반적으로 간접적인 의무라고 하며, 이러한 협력하여야 하는 책무를 위반하였다고 하더라도 이를 강제로 이행하게 하거나 손해배상을 청구할 수 있는 것은 아니다.

첫째, 사업자는 국가 및 지방자치단체의 소비자권익 증진시책에 적극 협력하여야 한다.

둘째, 사업자는 소비자단체 및 한국소비자원의 소비자 권익증진과 관련된 업무의 추진에 필요한 자료 및 정보제공 요청에 적극 협력하여야 한다.

셋째, 사업자는 안전하고 쾌적한 소비생활 환경을 조성하기 위하여 물품 등을 제공함에 있어서 환경친화적인 기술의 개발과 자원의 재활용을 위하여 노력하여야 한다.

넷째, 사업자는 소비자의 생명·신체 또는 재산 보호를 위한 국가·지방자치단체 및 한국소비자원의 조사 및 위해방지 조치에 적극 협력하여야 한다.

나. 소비자상담기구의 설치·운영의 책무

소비자기본법 제53조에서는 소비자상담기구의 설치·운영에 대한 사업자의 책무를 규정하고 있다. 즉, 사업자 및 사업자단체는 소비자로부터 제기되는 의견이나 불만 등을 기업경영에 반영하고, 소비자의 피해를 신속하게 처리하기 위한 기구(이하 "소비자상담기구"라 한다)의 설치·운영에 적극 노력하여야 한다.

또한 사업자 및 사업자단체는 소비자의 불만 또는 피해의 상담을 위하여 「국가기술자격법」에 따른 관련 자격이 있는 자 등 전담직원을 고용·배치하도록 적극 노력하여야 한다.

나아가 사업자의 소비자상담기구의 설치·운영의 책무를 잘 이행하도록 하기 위하여 동법 제54조에서는 소비자상담기구의 설치를 권장하고 있다. 즉, 중앙행정기관의 장은 사업자 또는 사업자단체에게 소비자상담기구의 설치·운영을 권장하거나 그 설치·운영에 필요한 지원을 할 수 있다. 공정거래위원회는 소비자상담기구의 설치·운영에 관한 권장기준을 정하여 고시할 수 있다.

2. 소비자기본법에서의 사업자의 의무

가. 사업자의 다섯 가지 의무

소비자기본법 제19조는 '사업자의 책무'라는 표제로 사업자가 부담하여야 할 사항을 구체적으로 규정하고 의무지우고 있다. 용어는 책무라고 표시하고 있더라도 이는 의무라고 해석하는 것이 타당하고 이를 위반한 경우에는 손해배상책임이 발생한다고 할 수 있다. 동법 제19조 제1항은 안전조치의무, 제2항은 공정거래의무, 제3항은 정보제공의무, 제4항은 개인정보보호의무, 제5항은 피해구제의무에 관하여 정하고 있다.

동법 제19조 제1항에서 규정한 안전조치의무는 소비자기본법에서 규정한 의무와는 별개로 식품위생법이나 전기용품 및 생활용품 안전관리법과 같은 개별법에서도 안전조치의무를 규정하고 있으므로 중첩적으로 의무를 지우고 있다는 측면에서 다소 불합리한 면도 있다. 그러나 소비자기본법은 소비자의 권익보호와 소비자정책을 규정한 기본법이므로 사업자에 대한 포괄적인 안전조치의무를 규정한 것으로 이해할 수 있어서 중복규제로만 볼 수는 없다고 생각된다.

이하에서 다섯 가지 사업자의 의무를 살펴보면 다음과 같다.

첫째, 사업자는 물품 등으로 인하여 소비자에게 생명·신체 또는 재산에 대한 위해가 발생하지 아니하도록 필요한 조치를 강구하여야 한다.

둘째, 사업자는 물품 등을 공급함에 있어서 소비자의 합리적인 선택이나 이익을 침해할 우려가 있는 거래조건이나 거래방법을 사용하여서는 아니 된다.

셋째, 사업자는 소비자에게 물품 등에 대한 정보를 성실하고 정확하게 제공하여야 한다.

넷째, 사업자는 소비자의 개인정보가 분실·도난·누출·변조 또는 훼손되지 아니하도록 그 개인정보를 성실하게 취급하여야 한다.

다섯째, 사업자는 물품 등의 하자로 인한 소비자의 불만이나 피해를 해결하거나 배상하여야 하며, 채무불이행 등으로 인하여 소비자가 입은 손해를 배상하여야 한다.

나. 소비자의 권익증진 관련 기준의 준수의무

소비자기본법 제20조에서는 '소비자의 권익증진 관련 기준의 준수'라는 제목으로 사업자가 준수하여야 할 안전기준, 표시기준, 광고기준, 부당행위기준 및 개인정보보호기준에 관하여 규정하고 있다. 이러한 기준을 준수하지 않을 경우에는 동법 제86조(과태료) 제1항 제1호에 따라 3천만원 이하의 과태료에 처하도록 규정하고 있어서 단순한 책무가 아닌 의무라고 볼 수 있다.

첫째, 사업자는 동법 제8조 제1항의 규정에 따라 국가가 정한 기준에 위반되는 물품 등을 제조·수입·판매하거나 제공하여서는 아니 된다. 동법 제8조 제1항이 규정한 기준은 국가는 사업자가 소비자에게 제공하는 물품 등으로 인한 소비자의 생명·신체 또는 재산에 대한 위해를 방지하기 위하여 다음의 사항에 관하여 사업자가 지켜야 할 기준을 정하여야 한다. 즉, ① 물품 등의 성분·함량·구조 등 안전에 관한 중요한 사항, ② 물품 등을 사용할 때의 지시사항이나 경고 등 표시할 내용과 방법 그리고 ③ 그 밖에 위해방지를 위하여 필요하다고 인정되는 사항을 말한다.

둘째, 사업자는 동법 제10조의 규정에 따라 국가가 정한 표시기준을 위반하여서는 아니 된다. 동법 제10조가 규정한 표시기준으로 국가는 소비자가 사업자와의 거래에 있어서 표시나 포장 등으로 인하여 물품 등을 잘못 선택하거나 사용하지 아니하도록 물품 등에 대하여 다음 각 호의 사항에 관한 표시기준을 정하여야 한다. 즉, ① 상품명·용도·성분·재질·성능·규격·가격·용량·허가번호 및 용역의 내용, ② 물품 등을 제조·수입 또는 판매하거나 제공한 사업자의 명칭(주소 및 전화번호를 포함한다) 및 물품의 원산지, ③ 사용방법, 사용·보관할 때의 주의사항 및 경고사항, ④ 제조연월일, 품질보증기간 또는 식품이나 의약품 등 유통과정에서 변질되기 쉬운 물품은 그 유효기간, ⑤ 표시의 크기·위치 및 방법, ⑥ 물품 등에 따른 불만이나 소비자피해가 있는 경우의 처리기구(주소 및 전화번호를 포함한다) 및 처리방법 및 ⑦ 「장애인차별금지 및 권리구제 등에 관한 법률」 제20조에 따른 시각장애인을 위한 표시방법을 말한다.

국가는 소비자가 사업자와의 거래에 있어서 표시나 포장 등으로 인하여 물품 등을 잘못 선택하거나 사용하지 아니하도록 사업자가 위의 표시기준의 사항을 변경하는 경우 그 변경 전후 사항을 표시하도록 기준을 정할 수 있다.

셋째, 사업자는 동법 제11조의 규성에 따라 국가가 정한 광고기준을 위반하여서는 아니 된다. 동법 제11조가 규정한 광고기준에 따르면 국가는 물품 등의 잘못된 소비 또는 과다한 소비로 인하여 발생할 수 있는 소비자의 생명·신체 또는 재산에 대한 위해를 방지하기 위하여 다음 각 호의 어느 하나에 해당하는 경우에는 광고의 내용 및 방법에 관한 기준을 정하여야 한다. 즉, ① 용도·성분·성능·규격 또는 원산지 등을 광고하는 때에 허가 또는 공인된 내용만으로 광고를 제한할 필요가 있거나 특정내용을 소비자에게 반드시 알릴 필요가 있는 경우, ② 소비자가 오해할 우려가 있는 특정용어 또는 특정표현의 사용을 제한할 필요가 있는 경우 및 ③ 광고의 매체 또는 시간대에 대하여 제한이 필요한 경우이다.

넷째, 사업자는 동법 제12조 제2항의 규정에 따라 국가가 지정·고시한 행위를 하여서는 아니 된다. 동법 제12조 제2항에서 규정한 사업자의 부당한 행위의 기준은 "국가는 소비자의 합리적인 선택을 방해하고 소비자에게 손해를 끼칠 우려가 있다고 인정되는 사업자의 부당한 행위를 지정·고시할 수 있다."라는 것이다.

　다섯째, 사업자는 동법 제15조 제2항의 규정에 따라 국가가 정한 개인정보의 보호기준을 위반하여서는 아니 된다. 동법 제15조 제2항에서 규정한 개인정보보호기준은 "국가 및 지방자치단체는 소비자가 사업자와의 거래에서 개인정보의 분실·도난·누출·변조 또는 훼손으로 인하여 부당한 피해를 입지 아니하도록 필요한 시책을 강구하여야 한다. 국가는 이러한 시책에 따라 소비자의 개인정보를 보호하기 위한 기준을 정하여야 한다."라는 것이다.

제2장

소비자권리를 규정한 소비자법

제2장

소비자권리를 규정한 소비자법

토머스 홉스(Thomas Hobbes: 1588. 4. 5. 출생, 1679. 12. 4. 사망, 영국의 철학자)는 모든 인간이 동등하며 태어날 때부터 주어진 자연권을 가진다고 하였다. 이러한 사상을 천부인권사상이라고 한다. 대표적인 예를 든다면, 인간으로서의 존엄과 가치라는 이념 아래 행복추구권, 평등권, 자유권 등은 국가라는 조직이 만들어지고 법률이 제정되어 법에 규정하고 있지 않더라도 인정되는 자연적 권리라고 할 수 있다.

그렇다면 소비자권리는 어떤가. 소비자로서 물품이나 서비스를 구입하여 생존한다는 측면에서 보면 법률의 규정을 떠나서 인정되는 권리라고도 할 수 있다.

그러나 소비자권리의 효시는 1962년 3월 15일에 미국의 케네디(John F. Kennedy) 대통령이 의회에 보낸 연두교서 "소비자이익의 보호에 관한 특별교서"에서 소비자권리를 선언(Consumer Bill of Rights)한 데에서 출발하였다. 케네디 대통령이 선언한 소비자의 네 가지 권리는 ① 안전할 권리, ② 알권리, ③ 선택할 권리, ④ 의견을 반영시킬 권리이다.

오늘날 각국에서는 실정법으로 소비자의 권리를 규정하고 있으며, 다양한 종류의 권리를 인정하고 있다. 여기서는 소비자관련법에서 규정한 소비자권리에서 권리발생요건과 효과는 어떻게 규정하고 있는지 살펴보고자 한다.

제1절 | 소비자기본법

1. 법의 목적

소비자기본법의 목적은 소비자의 권익을 증진하기 위하여 소비자의 권리와 책무, 국가·지방자치단체 및 사업자의 책무, 소비자단체의 역할 및 자유시장경제에서 소비자와 사업자 사이의 관계를 규정함과 아울러 소비자정책의 종합적 추진을 위한 기본적인 사항을 규정함으로써 소비생활의 향상과 국민경제의 발전에 이바지함에 두고 있다.

로마법은 일찍부터 법을 공법과 사법으로 구별하여 체계화하였다. 그러나 어떠한 표준에 의하여 구별할 것인가에 대하여는 학설(이익설, 주체설, 법률관계설, 생활관계설)이 나누어지고 있다.

전통적인 분류체계로 나누어보면 소비자기본법은 행정주체(국가 및 지방자치단체)가 국민(소비자와 사업자)을 상대로 규제하고 법적 기구(한국소비자원)를 설립하는 등 행정법의 하나로서 공법에 속한다. 또한 당사자(소비자와 사업자) 사이에 발생한 민사적인 분쟁의 해결절차(합의권고나 분쟁조정)도 규정하고 있어서 절차법으로서의 성격도 가지고 있다. 이러한 측면을 모두 고려하면 공법, 사법, 실체법과 절차법을 모두 포함한 사회법적(공사법의 혼합) 성격으로 이해할 수 있다.

2. 소비자기본법으로의 전면개정 이유

가. 소비자보호법의 제정과 소비자기본법으로의 개정

소비자기본법(이하 '동법'이라 한다)은 1980. 1. 4. 최초로 제정될 당시에는 소비자보호법(법률 제3257호)으로 명명되어 1982. 9. 13.부터 시행되었다. 그동안 사회적인 이슈가 된 소비자문제가 생길 때마다 이를 해결하기 위하여 20여 차례 개정되었다.

소비자보호법에서 소비자기본법이라는 법률 명칭의 변경을 비롯한 전면개정에까지 이르게 된 것은 2006. 9. 27. 개정하여 2007. 3. 28.부터 시행한 현행 소비자기본법이다.

전면 개정한 이유는 "종래 소비자보호 위주의 소비자정책에서 탈피하여 중장기 소비자정책의 수립, 소비자안전·교육의 강화 등으로 소비자권익을 증진함으로써 소비자의 주권을 강화하고, 시장 환경 변화에 맞게 한국소비자원의 관할 및 소비자정책에 대한 집행기능을 공정거래위원회로 이관하도록 하며, 소비자피해를 신속하고 효율적으로 구제하기 위하여 일괄적 집단분쟁조정 및 단체소송을 도입하여 소비자피해구제제도를 강화하는 등 현행제도의 운영상 나타난 일부 미비점을 개선·보완하려는 것"에 있다.

나. 소비자기본법으로의 전면 개정의 주요내용

(1) 「소비자보호법」·한국소비자보호원의 명칭 및 입법목적의 변경

법 제명을 「소비자보호법」에서 「소비자기본법」으로 변경하고, 한국소비자보호원의 명칭을 한국소비자원으로 변경하는 한편, 법의 목적을 소비자의 보호에서 시장경제 주체로서의 소비자의 권익증진과 소비생활의 향상을 통한 국민경제의 발전으로 변경하였다.

(2) 소비자의 기본적 책무, 소비자 개인정보의 보호에 관한 사항 등을 규정

소비자의 올바른 선택과 정당한 권리행사, 자원절약적·합리적 소비행동 등을 소비자의 책무로 규정하고, 국가 및 지방자치단체가 소비자를 교육함과 동시에 소비자의 개인정보보호시책을 강구하도록 하며, 국가·지방자치단체의 소비자능력향상 프로그램 개발 등을 통하여 소비자의 교육받을 권리를 제도적으로 뒷받침하는 한편, 디지털 소비생활 환경에의 정책적 대응을 강화하였다.

(3) 소비자정책위원회 간사에 공정거래위원회 소속 공무원 1인 추가 및 재정경제부의 자료제출 요청권 신설

소비자정책 관련 총괄·조정 기능을 강화하고, 재정경제부(현재 기획재정부)와 공정거래위원회의 원활한 업무협력체계 구축을 위하여 공동간사 제도를 도입하며, 한국소비자원 이관으로 실제 소비생활 관련 정보취득이 어려워진 재정경제부(현재 기획재정부) 업무를 보강하고, 관계부처 평가기능 수행 등 소비자정책위원회의 기능을 실질화하기 위하여 재정경제부장관(현재 기획재정부장관)이 관계행정기관에 대하여 자료제출을 요청할 수 있도록 하였다.

(4) 한국소비자원 관할권 및 소비자단체 등록심사·취소권한의 공정거래위원회 이관

소비자정책 중 집행기능을 강화하기 위하여 소비자에 의하여 설립되고, 실제 소비자와 밀접한 관계가 있는 소비자단체 등록 및 등록취소 관련 권한을 공정거래위원회로 이관하며, 소비자의 피해구제를 활성화하기 위하여 한국소비자원의 인사·감독·예산·감사 등 제반사항을 공정거래위원회로 이관하였다.

(5) 소비자 안전의 강화

어린이 등 안전취약계층에 대한 우선적 보호의무, 재정경제부장관(현재 기획재정부장관)의 보충적 시정조치요청권 및 한국소비자원에 설치된 소비자안전센터를 명문화하고, 위해정보의 수집, 소비자안전경보의 발령 등 소비자안전에 관한 사항, 중앙행정기관의 장의 위해물품 등에 대한 조사권을 규정하였다.

시장감시활동 강화 및 위해요소의 조기 발견·대응으로 소비자의 피해확산을 예방하고 소비생활의 안전성을 확보함과 아울러, 사업자의 자발적인 결함시정을 유도하도록 하였다.

(6) 사업자의 소비자상담기구 설치 권장

사업자 또는 사업자단체가 소비자상담기구 설치 및 전담직원 배치에 노력하도록 하고, 공정거래위원회는 소비자상담기구의 설치·운영에 관한 권장기준을 고시할 수 있도록 하였다.

소비자상담기구 설치·운영 권장으로 기업의 자발적인 소비자문제해결 등 소비자중심의 기업경영을 하도록 유도하였다.

(7) 소비자분쟁조정위원회의 일괄적 분쟁조정 실시

소비자분쟁조정위원회가 다수의 소비자에게 발생하는 같거나 비슷한 유형의 피해에 대하여 일괄적인 분쟁조정을 실시할 수 있도록 하고, 분쟁조정 실시를 일정기간 이상 공고하도록 하는 등 기존 분쟁조정 절차의 특례를 규정하였다.

비용부담, 절차지연, 감정대립 등 소송으로 인한 부작용을 방지하고, 소액다수 피해발생이라는 특성을 지닌 소비자문제를 일괄적·효율적으로 해결하도록 하였다.

(8) 소비자단체소송제도의 도입

일정한 요건을 갖춘 소비자단체·사업자단체·비영리민간단체가 소비자의 생명·신체·재산 등 소비자의 권익을 침해하는 사업자의 위법행위에 대하여 법원에 금지·중지를 청구하는 소비자단체소송을 도입하고, 소제기의 당사자요건, 소송허가신청 및 확정판결의 효력 등 소비자단체소송의 요건·절차에 관한 사항을 규정하였다.

저질수입상품 등에 따른 소비자 안전위해, 악덕상술·과장광고 등 불공정거래행위로 인한 소비자 권익침해행위의 방지, 소 제기를 우려한 사업자의 자발적인 위법행위의 중지, 제품의 품질 및 안전성의 향상과 제품결함의 사후시정 등이 활성화될 수 있도록 하려는 데 있다.

3. 소비자분쟁의 해결

가. 한국소비자원의 피해구제

(1) 피해구제의 신청 등

소비자는 물품 등의 사용으로 인한 피해의 구제를 한국소비자원에 신청할 수 있다. 국가·지방자치단체 또는 소비자단체는 소비자로부터 피해구제의 신청을 받은 때에는 한국소비자원에 그 처리를 의뢰할 수 있다. 사업자는 소비자로부터 피해구제의 신청을 받은 때에는 다음의 어느 하나에 해당하는 경우에 한하여 한국소비자원에 그 처리를 의뢰할 수 있다.

첫째, 소비자로부터 피해구제의 신청을 받은 날부터 30일이 경과하여도 합의에 이르지 못하는 경우이다.

둘째, 한국소비자원에 피해구제의 처리를 의뢰하기로 소비자와 합의한 경우이다.

셋째, 그 밖에 한국소비자원의 피해구제의 처리가 필요한 경우로서 소비자기본법 시행령 제43조에서 정하는 사유에 해당하는 경우이다. 동법 시행령에서 정하고 있는 것은 피해구제의 신청이나 의뢰는 서면으로 하여야 한다. 다만, 긴급을 요하거나 부득이한 사유가 있는 경우에는 구술로나 전화 등으로 할 수 있다.

한국소비자원의 원장은 피해구제의 신청(피해구제의 의뢰 포함)을 받은 경우 그 내용이 한국소비자원에서 처리하는 것이 부적합하다고 판단되는 때에는 신청인에게 그 사유를 통보하고 그 사건의 처리를 중지할 수 있다(동법 제55조 제1항 내지 제4항).

(2) 위법사실의 통보 등

원장은 피해구제신청사건을 처리함에 있어서 당사자 또는 관계인이 법령을 위반한 것으로 판단되는 때에는 관계기관에 이를 통보하고 적절한 조치를 의뢰하여야 한다(동법 제56조).

(3) 합의권고

원장은 피해구제신청의 당사자에 대하여 피해보상에 관한 합의를 권고할 수 있다(동법 제57조). 이러한 합의권고에 따라 당사자가 모두 수용한 경우에는 합의권고는 민법의 화해계약의 성질을 가지게 된다. 당사자 일방이 이행하지 않는다면 계약이행청구 소송을 통하여 해결하여야 하는 문제점이 있다.

(4) 피해구제의 처리기간

원장은 동법 제55조 제1항 내지 제3항의 규정에 따라 피해구제의 신청을 받은 날부터 30일 이내에 동법 제57조의 규정에 따른 합의가 이루어지지 아니하는 때에는 지체 없이 동법 제60조의 규정에 따른 소비자분쟁조정위원회에 분쟁조정을 신청하여야 한다. 다만, 피해의 원인규명 등에 상당한 시일이 요구되는 피해구제신청사건으로서 대통령령이 정하는 사건에 대하여는 60일 이내의 범위에서 처리기간을 연장할 수 있다(동법 제58조).

(5) 피해구제절차의 중지

한국소비자원의 피해구제 처리절차 중에 법원에 소를 제기한 당사자는 그 사실을 한국소비자원에 통보하여야 한다. 한국소비자원은 당사자의 소제기 사실을 알게 된 때에는 지체 없이 피해구제절차를 중지하고, 당사자에게 이를 통지하여야 한다(동법 제59조 제1항·제2항).

나. 소비자분쟁조정기구

(1) 소비자분쟁조정위원회의 설치

소비자와 사업자 사이에 발생한 분쟁을 조정하기 위하여 한국소비자원에 소비자분쟁조정위원회(이하 "조정위원회"라 한다)를 둔다. 조정위원회는 다음의 사항을 심의·의결한다.

첫째, 소비자분쟁에 대한 조정결정, 둘째, 조정위원회의 의사(議事)에 관한 규칙의 제정 및 개정·폐지, 셋째, 그 밖에 조정위원회의 위원장이 토의에 부치는 사항이다.

조정위원회의 운영 및 조정절차 등에 관하여 필요한 사항은 대통령령인 소비자기본법 시행령으로 정한다.

(2) 조정위원회의 구성

조정위원회는 위원장 1인을 포함한 50인 이내의 위원으로 구성하며, 위원장을 포함한 2인은 상임으로 하고, 나머지는 비상임으로 한다.

위원은 다음의 어느 하나에 해당하는 자 중에서 대통령령이 정하는 바에 따라 원장의 제청에 의하여 공정거래위원회위원장이 임명 또는 위촉한다.

① 대학이나 공인된 연구기관에서 부교수 이상 또는 이에 상당하는 직에 있거나 있었던 자로서 소비자권익 관련분야를 전공한 자

② 4급 이상의 공무원 또는 이에 상당하는 공공기관의 직에 있거나 있었던 자로서 소비자권익과 관련된 업무에 실무경험이 있는 자

③ 판사·검사 또는 변호사의 자격이 있는 자

④ 소비자단체의 임원의 직에 있거나 있었던 자

⑤ 사업자 또는 사업자단체의 임원의 직에 있거나 있었던 자

⑥ 그 밖에 소비자권익과 관련된 업무에 관한 학식과 경험이 풍부한 자

위원장은 상임위원 중에서 공정거래위원회위원장이 임명한다. 위원장이 부득이한 사유로 직무를 수행할 수 없는 때에는 위원장이 아닌 상임위원이 위원장의 직무를 대행하고, 위원장이 아닌 상임위원이 부득이한 사유로 위원장의 직무를 대행할 수 없는 때에는 공정거래위원회위원장이 지정하는 위원이 그 직무를 대행한다.

위원의 임기는 3년으로 하며, 연임할 수 있다.

조정위원회의 업무를 효율적으로 수행하기 위하여 조정위원회에 분야별 전문위원회를 둘 수 있다. 전문위원회의 구성 및 운영에 관하여 필요한 사항은 대통령령으로 정한다.

(3) 위원의 신분보장

위원은 자격정지 이상의 형을 선고받거나 신체상 또는 정신상의 장애로 직무를 수행할 수 없는 경우를 제외하고는 그의 의사와 다르게 면직되지 아니한다.

(4) 조정위원회의 회의

조정위원회의 회의는 위원장·상임위원 및 위원장이 회의마다 지명하는 5인 이상 9인 이하의 위원으로 구성한다. 조정위원회의 회의는 위원 과반수의 출석과 출석위원 과반수의 찬성으로 의결한다.

(5) 위원의 제척·기피·회피

조정위원회의 위원은 다음의 어느 하나에 해당하는 경우에는 동법 제58조 또는 제65조 제1항의 규정에 따라 조정위원회에 신청된 그 분쟁조정사건(이하 이 조에서 "사건"이라 한다)의 심의·의결에서 제척된다.

① 위원 또는 그 배우자나 배우자이었던 자가 그 사건의 당사자가 되거나 그 사건에 관하여 공동의 권리자 또는 의무자의 관계에 있는 경우

② 위원이 그 사건의 당사자와 친족관계에 있거나 있었던 경우

③ 위원이 그 사건에 관하여 증언이나 감정을 한 경우

④ 위원이 그 사건에 관하여 당사자의 대리인으로서 관여하거나 관여하였던 경우

당사자는 위원에게 심의·의결의 공정을 기대하기 어려운 사정이 있는 경우에는 원장에게 기피신청을 할 수 있다. 이 경우 원장은 기피신청에 대하여 조정위원회의 의결을 거치지 아니하고 결정한다. 위원이 제척이나 기피의 사유에 해당하는 경우에는 스스로 그 사건의 심의·의결에서 회피할 수 있다.

다. 소비자분쟁조정

(1) 분쟁조정의 신청

소비자와 사업자 사이에 발생한 분쟁에 관하여 동법 제16조 제1항의 규정3)에 따라 설치된 기구에서 소비자분쟁이 해결되지 아니하거나 동법 제28조 제1항 제5호의 규정에 따른 합의권고4)에 따른 합의가 이루어지지 아니한 경우 당사자나 그 기구 또는 단체의 장은 조정위원회에 분쟁조정을 신청할 수 있다.

조정위원회는 동법 제58조 또는 제1항의 규정에 따라 분쟁조정을 신청받은 경우에는 대통령령이 정하는 바에 따라 지체 없이 분쟁조정절차를 개시하여야 한다.

조정위원회는 제2항의 규정에 따른 분쟁조정을 위하여 필요한 경우에는 동법 제61조 제6항의 규정에 따른 전문위원회에 자문할 수 있다.

조정위원회는 제2항의 규정에 따른 분쟁조정절차에 앞서 이해관계인·소비자단체 또는 관계기관의 의견을 들을 수 있다. 동법 제59조의 규정은 분쟁조정절차의 중지에 관하여 이를 준용한다.

(2) 분쟁조정의 기간

조정위원회는 동법 제58조 또는 제65조 제1항의 규정에 따라 분쟁조정을 신청받은 때에는 그 신청을 받은 날부터 30일 이내에 그 분쟁조정을 마쳐야 한다.

조정위원회는 부득이한 사정으로 30일 이내에 그 분쟁조정을 마칠 수 없는 경우에는 그 기간을 연장할 수 있다. 이 경우 그 사유와 기한을 명시하여 당사

---

3) 국가 및 지방자치단체는 소비자의 불만이나 피해가 신속·공정하게 처리될 수 있도록 관련 기구의 설치 등 필요한 조치를 강구하여야 한다.
4) 제28조(소비자단체의 업무 등) ① 소비자단체는 다음 각 호의 업무를 행한다.
   1. 내지 4. (생략)
   5. 소비자의 불만 및 피해를 처리하기 위한 상담·정보제공 및 당사자 사이의 합의의 권고

자 및 그 대리인에게 통지하여야 한다.

(3) 분쟁조정의 효력 등

조정위원회의 위원장은 동법 제66조의 규정에 따라 분쟁조정을 마친 때에는 지체 없이 당사자에게 그 분쟁조정의 내용을 통지하여야 한다.

통지를 받은 당사자는 그 통지를 받은 날부터 15일 이내에 분쟁조정의 내용에 대한 수락 여부를 조정위원회에 통보하여야 한다. 이 경우 15일 이내에 의사표시가 없는 때에는 수락한 것으로 본다.

당사자가 분쟁조정의 내용을 수락하거나 수락한 것으로 보는 경우 조정위원회는 조정조서를 작성하고, 조정위원회의 위원장 및 각 당사자가 기명·날인하여야 한다. 다만, 수락한 것으로 보는 경우에는 각 당사자의 기명·날인을 생략할 수 있다.

당사자가 분쟁조정의 내용을 수락하거나 수락한 것으로 보는 때에는 그 분쟁조정의 내용은 재판상 화해5)와 동일한 효력을 갖는다.

(4) 분쟁조정 신청의 시효중단의 효력

소비자가 권리를 가지고 있다고 하더라도 권리를 행사하지 않으면 일정한 조건에 따라서 권리가 소멸하는 제도를 소멸시효라고 한다. 그러나 동법 제68조의3(시효의 중단)에 따라 분쟁조정의 신청과 집단분쟁조정의 의뢰 또는 신청은 시효중단의 효력이 있다. 다만, 다음의 어느 하나에 해당하는 경우 외의 경우로 분쟁조정절차 또는 집단분쟁조정절차가 종료된 경우에는 그 조정절차가 종료된 날부터 1개월 이내에 소를 제기하지 아니하면 시효중단의 효력이 없다.

첫째, 당사자가 분쟁조정 또는 집단분쟁조정의 내용을 수락하거나 수락한 것으로 보는 경우이다.

둘째, 당사자의 일방 또는 쌍방이 분쟁조정 또는 집단분쟁조정의 내용을 수락하지 아니한 경우이다.

---

5) 재판상 화해는 분쟁당사자가 법원의 판사 앞에서 서로 그 주장을 양보하고 다툼을 중지하는 것을 말한다. 소송상의 화해와 제소전의 화해를 합쳐서 재판상의 화해라고 한다. 재판상 화해의 효력은 민사소송법 제220조에 의하여 확정판결과 동일한 효력이 있다.

> **[참고] 소멸시효제도의 이해**
>
> (1) **소멸시효의 의의:** 소멸시효는 권리자가 권리행사를 할 수 있음에도 불구하고 일정기간 동안 권리를 행사하지 않는 경우 그 권리가 실효되게 하는 제도를 말한다. 시효의 일종으로서 취득시효에 대비되는 개념이다.
>
> (2) **소멸시효의 기간:** 일반 채권의 소멸시효기간은 10년(민법 제162조), 상사채권은 5년(상법 제64조)이다. 그러나 이자·부양료 등과 같이 3년의 소멸시효에 걸리는 것과 숙박료·음식료 등과 같이 1년의 소멸시효에 걸리는 것도 있다. 이러한 채권에 확정판결이 있으면 그 시효기간은 10년이 된다(민법 제165조). 기타 재산권의 시효기간은 20년이다(민법 제162조 제2항).
>
> (3) **소멸시효의 중단:** 시효의 기초가 되는 계속된 사실상태와 부딪치는 어떤 사실(권리자가 권리를 행사하거나 의무자가 의무를 승인하는 것)이 생긴 경우에 시효기간의 진행을 중단시키는 것을 말한다. 시효의 중단이 있으면 이미 진행한 시효기간은 전혀 효력을 잃고 그 후부터 새로 시효기간을 계산한다(민법 제178조). 민법이 인정하는 중단사유는 청구, 압류·가압류·가처분, 승인의 세 가지이다(민법 제168조).

(5) 소비자분쟁조정의 특례: 집단분쟁조정제도

㈎ 집단분쟁조정의 신청과 개시

소비자와 사업자 사이에 발생한 분쟁에 관하여 국가·지방자치단체·한국소비자원·소비자단체·소비자 또는 사업자는 소비자의 피해가 다수의 소비자에게 같거나 비슷한 유형으로 발생하는 경우로서 대통령령이 정하는 사건에 대하여는 조정위원회에 일괄적인 분쟁조정(이하 "집단분쟁조정"이라 한다)을 의뢰 또는 신청할 수 있다. 집단분쟁조정의 의뢰나 신청은 서면으로 하여야 한다.

집단분쟁조정을 의뢰받거나 신청받은 조정위원회는 ① 집단분쟁조정 개시의 요건을 갖추지 못한 사건이거나 ② 기존의 집단분쟁조정결정이 있는 사건으로서 개시의결을 반복할 필요가 없다고 인정되는 사건이거나 ③ 신청인의 신청내용이 이유가 없다고 명백하게 인정되는 사건의 어느 하나에 해당하는 사건을 제외하고는 조정위원회의 의결로써 의뢰받거나 신청받은 날부터 60일 이내에 집단분쟁조정의 절차를 개시하여야 한다. 이 경우 조정위원회는 대통령령이 정하는 기간 동안 그 절차의 개시를 공고하여야 한다.

[참고] 대통령령이 정하는 집단분쟁조정의 신청대상 사건(제1호 및 제2호 동시 충족)

1. 물품 등으로 인한 피해가 같거나 비슷한 유형으로 발생한 소비자 중 다음 각 목의 자를 제외한 소비자의 수가 50명 이상일 것

    가. 법 제31조 제1항 본문에 따른 자율적 분쟁조정, 법 제57조에 따른 한국소비자원 원장의 권고, 그 밖의 방법으로 사업자와 분쟁해결이나 피해보상에 관한 합의가 이루어진 소비자

    나. 제25조 각 호의 분쟁조정기구에서 분쟁조정이 진행 중인 소비자

    다. 해당 물품 등으로 인한 피해에 관하여 법원에 소(訴)를 제기한 소비자

2. 사건의 중요한 쟁점이 사실상 또는 법률상 공통될 것

60일 이내에 개시하여야 하는 규정에도 불구하고 조정위원회는 첫째, 피해의 원인규명에 시험, 검사 또는 조사가 필요한 사건이거나 둘째, 피해의 원인규명을 위하여 동법 제68조의2에 따른 대표당사자가 집단분쟁조정 절차개시 결정의 보류를 신청하는 사건의 어느 하나에 해당하는 사건에 대하여는 개시결정기간 내에 조정위원회의 의결로써 집단분쟁조정 절차개시의 결정을 보류할 수 있다. 이 경우 그 사유와 기한을 명시하여 의뢰 또는 신청한 자에게 통지하여야 하고, 그 보류기간은 개시결정기간이 경과한 날부터 60일을 넘을 수 없다.

⒜ 집단분쟁조정의 당사자 아닌 자의 추가 신청 및 권고

조정위원회는 집단분쟁조정의 당사자가 아닌 소비자 또는 사업자로부터 그 분쟁조정의 당사자에 추가로 포함될 수 있도록 하는 신청을 받을 수 있다. 이 경우에는 공고기간 이내에 서면으로 참가신청을 하여야 한다. 조정위원회가 집단분쟁조정의 당사자 참가신청을 받으면 참가신청기간이 끝난 후 10일 이내에 참가인정 여부를 서면으로 알려야 한다.

조정위원회는 사업자가 조정위원회의 집단분쟁조정의 내용을 수락한 경우에는 집단분쟁조정의 당사자가 아닌 자로서 피해를 입은 소비자에 대한 보상계획서를 작성하여 조정위원회에 제출하도록 권고할 수 있다.

조정위원회는 집단분쟁조정의 당사자인 다수의 소비자 중 일부의 소비자가 법원에 소를 제기한 경우에는 그 절차를 중지하지 아니하고, 소를 제기한 일부의 소비자를 그 절차에서 제외한다.

집단분쟁조정은 공고가 종료된 날의 다음 날부터 30일 이내에 마쳐야 한다. 다만, 정당한 사유가 있는 경우로서 해당 기간 내에 분쟁조정을 마칠 수 없는 때에는 2회에 한하여 각각 30일의 범위에서 그 기간을 연장할 수 있으며, 이 경우 그 사유와 기한을 구체적으로 밝혀 당사자 및 그 대리인에게 통지하여야 한다.

㈐ 집단분쟁조정의 대표당사자의 선임

집단분쟁조정에 이해관계가 있는 당사자들은 그 중 3명 이하를 대표당사자로 선임할 수 있다. 조정위원회는 당사자들이 대표당사자를 선임하지 아니한 경우에 필요하다고 인정하는 때에는 당사자들에게 대표당사자를 선임할 것을 권고할 수 있다.

대표당사자는 자기를 선임한 당사자들을 위하여 그 사건의 조정에 관한 모든 행위를 할 수 있다. 다만, 조정신청의 철회 및 조정안의 수락·거부는 자기를 선임한 당사자들의 서면에 의한 동의를 받아야 한다. 대표당사자를 선임한 당사자들은 대표당사자를 통하여서만 그 사건의 조정에 관한 행위를 할 수 있다.

대표당사자를 선임한 당사자들은 필요하다고 인정하는 경우에는 대표당사자를 해임하거나 변경할 수 있다. 이 경우 당사자들은 그 사실을 지체 없이 조정위원회에 통지하여야 한다.

㈑ 집단분쟁조정의 결정

조정위원회는 집단분쟁조정절차 개시 공고가 종료한 날로부터 30일 이내에 그 분쟁조정을 마쳐야 하며, 부득이한 사정이 있는 경우에는 조정기한을 연장할 수 있다.

조정결정된 내용은 즉시 당사자에게 통보되며 당사자가 통보를 받은 날로부터 15일 이내에 분쟁조정의 내용에 대한 수락 여부를 조정위원회에 통보하여야 한다. 이 경우 15일 이내에 의사표시가 없는 때에는 수락한 것으로 본다.

라. 소비자단체소송

(1) 단체소송의 대상 등

소비자기본법 제70조의 규정에 따라 다음의 어느 하나에 해당하는 단체는 사업자가 제20조의 규정을 위반하여 소비자의 생명·신체 또는 재산에 대한 권익을 직접적으로 침해하고 그 침해가 계속되는 경우 법원에 소비자권익침해행위의 금지·중지를 구하는 소송(이하 "단체소송"이라 한다)을 제기할 수 있다.

[참고] 소비자단체소송의 적격요건(동법 제70조)

1. 제29조의 규정에 따라 공정거래위원회에 등록한 소비자단체로서 다음 각 목의 요건을 모두 갖춘 단체
   가. 정관에 따라 상시적으로 소비자의 권익증진을 주된 목적으로 하는 단체일 것
   나. 단체의 정회원수가 1천명 이상일 것
   다. 제29조의 규정에 따른 등록 후 3년이 경과하였을 것
2. 「상공회의소법」에 따른 대한상공회의소, 「중소기업협동조합법」에 따른 중소기업협동조합중앙회 및 전국 단위의 경제단체로서 대통령령이 정하는 단체
3. 「비영리민간단체 지원법」제2조의 규정에 따른 비영리민간단체로서 다음 각 목의 요건을 모두 갖춘 단체
   가. 법률상 또는 사실상 동일한 침해를 입은 50인 이상의 소비자로부터 단체소송의 제기를 요청받을 것
   나. 정관에 소비자의 권익증진을 단체의 목적으로 명시한 후 최근 3년 이상 이를 위한 활동실적이 있을 것
   다. 단체의 상시 구성원수가 5천명 이상일 것
   라. 중앙행정기관에 등록되어 있을 것

---

(2) 단체소송의 전속관할

단체소송의 소는 피고의 주된 사무소 또는 영업소가 있는 곳, 주된 사무소나 영업소가 없는 경우에는 주된 업무담당자의 주소가 있는 곳의 지방법원 본원 합의부의 관할에 전속한다. 외국사업자에 적용하는 경우 대한민국에 있는 이들의 주된 사무소·영업소 또는 업무담당자의 주소에 따라 정한다.

(3) 단체소송의 소송대리인의 선임

단체소송의 원고는 변호사를 소송대리인으로 선임하여야 한다. 소위 '변호사 강제주의'를 취하고 있으며, 이는 소송의 효율적인 진행을 위한 것으로 생각된다.

(4) 단체소송의 소송허가신청

단체소송을 제기하는 단체는 소장과 함께 다음의 사항을 기재한 소송허가신청서를 법원에 제출하여야 한다.

첫째, 원고 및 그 소송대리인, 둘째, 피고, 셋째, 금지·중지를 구하는 사업자의 소비자권익 침해행위의 범위이다.

나아가 소송허가신청서에는 다음의 자료를 첨부하여야 한다. 첫째, 소제기단체가 동법 제70조 각 호의 어느 하나에 해당하는 요건을 갖추고 있음을 소명하는 자료, 둘째, 소제기단체가 동법 제74조 제1항 제3호의 규정에 따라 요청한 서면 및 이에 대한 사업자의 의견서이다. 다만, 일정한 기간 내에 사업자의 응답이 없을 경우에는 사업자의 의견서를 생략할 수 있다.

(5) 단체소송의 소송허가요건 등

법원은 다음의 요건을 모두 갖춘 경우에 한하여 결정으로 단체소송을 허가한다.

첫째, 물품 등의 사용으로 인하여 소비자의 생명·신체 또는 재산에 피해가 발생하거나 발생할 우려가 있는 등 다수 소비자의 권익보호 및 피해예방을 위한 공익상의 필요가 있을 것,

둘째, 소비자기본법 제73조의 규정에 따른 소송허가신청서의 기재사항에 흠결이 없을 것,

셋째, 소제기단체가 사업자에게 소비자권익 침해행위를 금지·중지할 것을 서면으로 요청한 후 14일이 경과하였을 것.

단체소송을 허가하거나 불허가하는 결정에 대하여는 즉시항고할 수 있다.

(6) 확정판결의 효력

원고의 청구를 기각하는 판결이 확정된 경우, 이와 동일한 사안에 관하여는 소비자기본법 제70조의 규정에 따른 다른 단체는 단체소송을 제기할 수 없다. 다만, 다음의 어느 하나에 해당하는 경우에는 단체소송을 제기할 수 있다.

첫째, 판결이 확정된 후 그 사안과 관련하여 국가 또는 지방자치단체가 설립한 기관에 의하여 새로운 연구결과나 증거가 나타난 경우, 둘째, 기각판결이

원고의 고의로 인한 것임이 밝혀진 경우이다.

　나아가 단체소송에 관하여 이 법에 특별한 규정이 없는 경우에는 「민사소송법」을 적용한다. 소비자기본법 제74조의 규정에 따른 단체소송의 허가결정이 있는 경우에는 「민사집행법」 제4편의 규정에 따른 보전처분을 할 수 있다. 단체소송의 절차에 관하여 필요한 사항은 대법원규칙으로 정한다.

마. 소비자단체의 자율적 분쟁조정

(1) 소비자단체의 업무와 책임

　한국의 소비자보호운동은 공업화가 진전되던 1960년대 후반부터 서울에 있는 민간시민단체가 주도적으로 이끈 소비자운동에서 시작되었다. 1967년 한국부인회가 소비자불만의 접수창구를 개설하고 월간지 「소비자보호」를 발간한 일, 서울 여자기독교청년회(YWCA)가 1968년 사회문제부 내에 소비자보호위원회를 구성한 일을 비롯하여 또 같은 해에 '한국소비자보호협회'가 조직되어 우리나라에서는 처음으로 상공부에 소비자단체로서 등록하고 활동했다.

　소비자운동이 본격화된 것은 1975년 4월 16일 한국여성단체협의회, 대한YMCA연합회, 대한주부클럽연합회, 전국주부교실중앙회가 발기하여 창립한 소비자보호단체협의회의 출범 이후라고 할 수 있다. 정부 또한 소비자행정의 필요성을 인식함에 따라 경제기획원은 보조금지급을 통해 소비자권익활동을 지원하게 되었다. 이후 1979년 한국소비자연맹, 1985년 소비자문제를 연구하는 시민의 모임, 1988년에 한국공익문제연구원, 한국소비자교육원, 한국부인회, 한국 YMCA 전국연맹이 가입하여 10개의 회원단체로 소비자보호단체협의회가 구성되었다. 2024년 1월 현재 12개 단체가 회원 단체로 구성되어 있다.

한국소비자단체협의회 회원단체(12개)		
한국YMCA전국연맹	한국여성소비자연합	한국소비자연맹
한국YWCA연합회	(사)소비자교육중앙회	(사)소비자시민모임
(사)대한어머니회	한국소비자교육원	한국부인회
(가)소비자공익 네트워크	녹색소비자연대 전국협의회	미래소비자행동

소비자기본법의 전신인 소비자보호법에서 소비자단체의 등록을 의무화하면서 소비자단체의 업무가 법으로 정하여지고 법적 테두리 내에서 활동할 수 있게 되었다. 소비자기본법 제28조에서는 소비자단체의 업무를 다음과 같이 정하고 있다.

첫째, 국가 및 지방자치단체의 소비자의 권익과 관련된 시책에 대한 건의,

둘째, 물품 등의 규격·품질·안전성·환경성에 관한 시험·검사 및 가격 등을 포함한 거래조건이나 거래방법에 관한 조사·분석,

셋째, 소비자문제에 관한 조사·연구,

넷째, 소비자의 교육,

다섯째, 소비자의 불만 및 피해를 처리하기 위한 상담·정보제공 및 당사자 사이의 합의의 권고.

나아가 소비자단체는 위의 둘째 업무와 관련하여 조사·분석 등의 결과를 공표할 수 있다. 다만, 공표되는 사항 중 물품 등의 품질·성능 및 성분 등에 관한 시험·검사로서 전문적인 인력과 설비를 필요로 하는 시험·검사인 경우에는 대통령령이 정하는 시험·검사기관의 시험·검사를 거친 후 공표하여야 한다.

소비자단체는 소비자기본법 제78조의 규정에 따라 자료 및 정보의 제공을 요청하였음에도 사업자 또는 사업자단체가 정당한 사유 없이 이를 거부·방해·기피하거나 거짓으로 제출한 경우에는 그 사업자 또는 사업자단체의 이름(상호 그 밖의 명칭을 포함한다), 거부 등의 사실과 사유를 「신문 등의 진흥에 관한 법률」에 따른 일반 일간신문에 게재할 수 있다.

소비자단체는 업무상 알게 된 정보를 소비자의 권익을 증진하기 위한 목적이 아닌 용도에 사용하여서는 아니 된다.

소비자단체는 사업자 또는 사업자단체로부터 제공받은 자료 및 정보를 소비자의 권익을 증진하기 위한 목적이 아닌 용도로 사용함으로써 사업자 또는 사업자단체에 손해를 끼친 때에는 그 손해에 대하여 배상할 책임을 진다.

(2) 소비자단체의 등록과 등록의 취소

소비자기본법 제29조와 제30조에서는 소비자단체의 등록과 등록의 취소에 관하여 규정하고 있다.

동법 제29조에서 정한 일정한 요건을 갖춘 소비자단체는 대통령령이 정하는 바에 따라 공정거래위원회 또는 지방자치단체에 등록할 수 있다.

첫째, 동법 제28조 제1항 제2호 및 제5호의 업무를 수행할 것,

둘째, 물품 및 용역에 대하여 전반적인 소비자문제를 취급할 것,

셋째, 대통령령이 정하는 설비와 인력을 갖출 것,

넷째, 「비영리민간단체 지원법」 제2조 각 호의 요건을 모두 갖출 것.

공정거래위원회 또는 지방자치단체의 장은 동법 제29조 제1항의 규정에 따라 등록을 신청한 소비자단체가 제1항 각 호의 요건을 갖추었는지 여부를 심사하여 등록 여부를 결정하여야 한다.

등록된 소비자단체가 동법 제30조의 규정에 위반된 경우에는 취소된다. 공정거래위원회 또는 지방자치단체의 장은 소비자단체가 거짓 그 밖의 부정한 방법으로 동법 제29조의 규정에 따른 등록을 한 경우에는 등록을 취소하여야 한다.

공정거래위원회 또는 지방자치단체의 장은 등록소비자단체가 동법 제29조 제1항 각 호의 요건을 갖추지 못하게 된 경우에는 3월 이내에 보완을 하도록 명할 수 있고, 그 기간이 경과하여도 요건을 갖추지 못하는 경우에는 등록을 취소할 수 있다.

[판례] 소비자단체의 금제품에 대한 함량검사결과의 공표가 소비자권익의 보호 및 증진을 위하여 한 정당한 업무행위에 해당하는지 여부

[1] 한국소비자연맹이 소비자단체사업의 일환으로 시중 11군데의 귀금속상으로부터 당시의 금시세에 따라 금반지와 금목걸이 등의 순금제품을 구입하여 공업진흥청에 의하여 인가된 귀금속감정센터에 함량검사를 의뢰한 결과 그 중 한 군데의 상점에서 구입한 금반지의 금함량비율이 99.3퍼센트에 불과한 것으로 나타났고 제품 자체 또는 보증서에도 품질표시가 되어있지 아니하였을 뿐 아니라 전년도에 같은 상점에서 구입한 동종제품에 대한 함량검사에서도 순금제품으로서의 함량에 미달한 98퍼센트로 나타난 바 있어 소비자의 권익보호 내지 증진에 필요하다는 판단 아래 텔레비젼을 통하여 "위 상점의 금함량비율이 전년도에 비하여 다소 좋아 졌을 뿐 시정되지는 않은 것으로 보아 이를 시

정할 의사가 없는 것으로 보인다. 소비자들은 그와 거래를 하지 않는 것만이 속지 않는 길이다"라는 취지의 내용으로 위 검사결과를 공표하였다 하더라도 이는 소비자권익의 보호 및 증진을 위한 것으로서 소비자보호법에 따른 소비자단체의 정당한 업무행위로 보아야 한다.

〈서울고등법원 1990. 6. 8. 선고 90나8536 판결〉

[판례] 보험소비자연맹의 소비자단체 등록요건

[1] 구 소비자보호법(2006. 9. 27. 법률 제7988호 소비자기본법으로 전문 개정되기 전의 것)에서 규정하고 있는 소비자단체의 임무와 권한, 각종 혜택 등에 비추어 보면, 같은 법 제18조 제1항 제2호의 '업무'란 소비자가 사용하거나 이용하는 '물품 및 용역' 전반에 대한 시험·검사, 거래조건이나 거래방법에 대한 조사·분석을 의미하는 것이지, 물품이나 용역 중 어느 한 가지에 대한 시험·검사 또는 거래조건이나 거래방법에 대한 조사·분석을 의미하는 것이라 해석할 수는 없다.

[2] 소비자단체 등록을 신청한 보험 관련 단체가 소비자의 권익을 옹호하거나 증진하기 위하여 조직된 소비자단체라기보다는 서비스 제공의 대가로 회원들로부터 회비를 받는 영리단체에 가깝고, '물품 및 용역' 전반에 대한 시험·검사, 거래조건이나 거래방법에 대한 조사·분석 업무를 하기에 적합한 설비와 인력도 갖추지 못하였다는 이유로, 그 등록을 거부한 처분이 적법하다.

〈대법원 2008. 6. 12. 선고 2005두1978 판결〉

(3) 소비자단체의 자율적 분쟁조정

소비자기본법 제29조의 규정에 따라 공정거래위원회에 등록한 소비자단체의 협의체는 동법 제28조 제1항 제5호의 규정에 따른 소비자의 불만 및 피해를 처리하기 위하여 자율적 분쟁조정을 할 수 있다. 다만, 다른 법률의 규정에 따라 설치된 전문성이 요구되는 분야의 분쟁조정기구로서 대통령령이 정하는 기구에서 관장하는 사항에 대하여는 그러하지 아니하다.

자율적 분쟁조정은 당사자가 이를 수락한 경우에는 당사자 사이에 자율적 분쟁조정의 내용과 동일한 합의가 성립된 것으로 본다.

[참고] 전문성이 요구되는 분야의 분쟁조정기구(동법 제31조 제1항 단서, 동법 시
       행령 제25조)

1. 「금융위원회의 설치 등에 관한 법률」 제51조에 따라 설치된 금융분쟁조정
   위원회
2. 「의료사고 피해구제 및 의료분쟁 조정 등에 관한 법률」 제6조에 따라 설립
   된 한국의료분쟁조정중재원
3. 「환경분쟁 조정법」 제4조에 따라 설치된 환경분쟁조정위원회
4. 「저작권법」 제112조에 따른 한국저작권위원회
5. 「개인정보 보호법」 제40조에 따라 설치된 개인정보 분쟁조정위원회
6. 「전기사업법」 제53조에 따라 설치된 전기위원회
7. 「우체국예금·보험에 관한 법률」 제48조의2에 따라 설치된 우체국보험분쟁
   조정위원회
8. 그 밖에 다른 법령에 따라 설치된 분쟁조정기구로서 공정거래위원회가 필요
   하다고 인정하여 지정·고시하는 분쟁조정기구

제2절 | 할부거래에 관한 법률

1. 법의 목적과 적용범위

가. 법의 목적

할부거래에 관한 법률(이하 "할부거래법"이라 한다)은 할부계약 및 선불식 할부계약에 의한 거래를 공정하게 함으로써 소비자의 권익을 보호하고 시장의 신뢰도를 높여 국민경제의 건전한 발전에 이바지함을 목적으로 한다(할부거래법 제1조).

나. 법의 적용범위

(1) 할부계약

"할부계약"이란 계약의 명칭·형식이 어떠하든 재화나 용역(일정한 시설을 이용하거나 용역을 제공받을 수 있는 권리를 포함한다)(이하 "재화 등"이라 한다)에 관한 다음의 두 가지 계약(제2호에 따른 선불식 할부계약에 해당하는 경우는 제외한다)을 말한다.

첫째, 소비자가 사업자에게 재화의 대금(代金)이나 용역의 대가(이하 "재화 등의 대금"이라 한다)를 2개월 이상의 기간에 걸쳐 3회 이상 나누어 지급하고, 재화 등의 대금을 완납하기 전에 재화의 공급이나 용역의 제공(이하 "재화 등의 공급"이라 한다)을 받기로 하는 계약(이하 "직접할부계약"이라 한다)을 말한다.

둘째, 소비자가 신용제공자에게 재화 등의 대금을 2개월 이상의 기간에 걸쳐 3회 이상 나누어 지급하고, 재화 등의 대금을 완납하기 전에 사업자로부터 재화 등의 공급을 받기로 하는 계약(이하 "간접할부계약"이라 한다)을 말한다. 신용카드를 이용한 할부의 경우이다.

(2) 선불식 할부계약

"선불식 할부계약"이란 계약의 명칭·형식이 어떠하든 소비자가 사업자로부터 다음의 어느 하나에 해당하는 재화 등의 대금을 2개월 이상의 기간에 걸쳐 2회 이상 나누어 지급하고 재화 등의 공급은 대금의 전부 또는 일부를 지급한 후에 받기로 하는 계약을 말한다.

첫째, 장례 또는 혼례를 위한 용역(제공시기가 확정된 경우는 제외한다) 및 이에 부수한 재화이다.

둘째, 첫째의 재화에 준하는 소비자피해가 발생하는 재화 등으로서 소비자의 피해를 방지하기 위하여 대통령령으로 정하는 재화 등이다.

(3) 할부거래의 소비자

할부거래법에서 말하는 "소비자"란 다음의 두 가지 중에 하나에 해당하는 자를 말한다.

첫째, 할부계약 또는 선불식 할부계약에 의하여 제공되는 재화 등을 소비생활을 위하여 사용하거나 이용하는 자를 말한다.

둘째, 할부계약 또는 선불식 할부계약 외의 자로서 사실상 할부계약 또는 선불식 할부계약의 자와 동일한 지위 및 거래조건으로 거래하는 자 등이다.

다시 다음과 같은 자를 소비자라고 한다.

첫째, 재화 또는 용역(이하 "재화 등"이라 한다)을 최종적으로 사용하거나 이용하는 자를 말한다. 다만, 재화 등을 원재료[중간재(中間財)를 포함한다] 및 자본재로 사용하는 자는 제외한다.

둘째, 할부거래법 제3조 제1호 단서에 해당하는 사업자로서 재화 등을 구매하는 자(해당 재화 등에 대한 거래관계에 한정한다)이다.

셋째, 재화 등을 농업(축산업을 포함한다) 및 어업활동을 위하여 구입한 자로서 「원양산업발전법」 제6조 제1항에 따라 해양수산부장관의 허가를 받은 원양어업자 외의 자이다.

(4) 할부거래, 선불식 할부거래, 신용제공자, 지배주주, 모집인

"할부거래"란 할부계약에 의한 거래를 말하며, "할부거래업자"란 할부계약에 의한 재화등의 공급을 업으로 하는 자를 말한다(동법 제2조 제3호).

"선불식 할부거래"란 선불식 할부계약에 의한 거래를 말하며, "선불식 할부거래업자"란 선불식 할부계약에 의한 재화등의 공급을 업으로 하는 자를 말한다(동법 제2조 제4호).

"신용제공자"란 소비자·할부거래업자와의 약정에 따라 재화등의 대금에 충당하기 위하여 신용을 제공하는 자를 말한다(동법 제2조 제6호).

　"지배주주"란 다음의 어느 하나에 해당하는 자를 말한다(동법 제2조 제7호). 첫째, 대통령령으로 정하는 특수관계인과 함께 소유하고 있는 주식 또는 출자액의 합계가 해당 법인의 발행주식총수 또는 출자총액의 100분의 30 이상인 경우로서 그 합계가 가장 많은 주주 또는 출자자, 둘째, 해당 법인의 경영을 사실상 지배하는 자. 이 경우 사실상 지배의 구체적인 내용은 대통령령으로 정한다.

　"선불식 할부계약의 이전"이란 명칭·형식이 어떠하든 선불식 할부거래업자가 합병, 분할 또는 사업의 전부 양도 이외의 방식으로 소비자와 체결한 선불식 할부계약에 대한 권리·의무를 다른 선불식 할부거래업자에게 이전(移轉)하는 것을 말한다(동법 제2조 제8호).

　"모집인"이란 선불식 할부거래업자를 위하여 선불식 할부계약의 체결을 중개(仲介)하는 자를 말한다(동법 제2조 제9호).

(5) 할부거래법의 적용제외

　할부거래법은 다음의 두 개의 거래에는 적용하지 아니한다.

　첫째, 사업자가 상행위(商行爲)를 위하여 재화 등의 공급을 받는 거래이다. 다만, 사업자가 사실상 소비자와 같은 지위에서 다른 소비자와 같은 거래조건으로 거래하는 경우는 적용한다.

　둘째, 성질상 이 할부거래법을 적용하는 것이 적합하지 아니한 것으로서 대통령령으로 정하는 아래와 같은 재화 등의 거래이다.

[참고] 성질상 할부거래법 적용이 적합하지 아니한 재화 등

① 농산물·수산물·축산물·임산물·광산물로서 「통계법」 제22조에 따라 작성한 한국표준산업분류표상의 제조업에 의하여 생산되지 아니한 것

② 「약사법」 제2조 제4호에 따른 의약품

③ 「보험업법」에 따른 보험

④ 「자본시장과 금융투자업에 관한 법률」 제4조에 따른 증권 및 같은 법 제336조 제1항 제1호에 따른 어음

⑤ 부동산

2. 사업자의 의무

가. 계약체결 전의 정보제공의무

할부거래업자는 할부계약을 체결하기 전에 소비자가 할부계약의 내용을 이해할 수 있도록 총리령으로 정하는 바에 따라 다음 각 호의 사항을 표시하여야 한다. 다만, 「여신전문금융업법」에 따른 신용카드회원과 신용카드가맹점 사이에 맺는 간접할부계약의 경우에는 제3호, 제4호, 제6호 및 제7호의 사항을 표시하지 아니할 수 있다.

〈참고〉 할부계약의 표시사항

1. 재화 등의 종류 및 내용
2. 현금가격(할부계약에 의하지 아니하고 소비자가 재화 등의 공급을 받은 때에 할부거래업자에게 지급하여야 할 대금 전액을 말한다)
3. 할부가격(소비자가 할부거래업자나 신용제공자에게 지급하여야 할 계약금과 할부금의 총합계액을 말한다)
4. 각 할부금의 금액·지급횟수 및 지급시기
5. 할부수수료의 실제연간요율
6. 계약금(최초지급금·선수금 등 명칭이 무엇이든 할부계약을 체결할 때에 소비자가 할부거래업자에게 지급하는 금액을 말한다)
7. 제12조 제1항에 따른 지연손해금 산정 시 적용하는 비율

총리령으로 정하는 바에 따른 할부계약 내용의 표시방법으로는 할부거래업자는 「할부거래법」 제5조에 따라 할부계약의 내용을 다음 각 호의 방법으로 표시하여야 한다.

첫째, 사업소에 게시하거나 서면으로 제시하되, 사업소에 게시하는 경우에는 할부거래법 제2조 제5호에 따른 소비자가 보기 쉬운 장소에 붙여야 하며, 서면으로 제시하는 경우에는 9호 이상의 활자를 사용할 것,

둘째, 할부거래법 제7조 및 동법 시행령 제5조에 따른 할부수수료의 실제연

간요율은 소수점 이하 1단위 이상까지 표시할 것.

나. 할부계약의 서면주의

할부거래업자는 총리령으로 정하는 바에 따라 다음 각 호의 사항을 적은 서면(「전자문서 및 전자거래 기본법」 제2조 제1호에 따른 전자문서를 포함한다)으로 할부계약을 체결하여야 한다. 다만, 「여신전문금융업법」에 따른 신용카드회원과 신용카드가맹점 간의 간접할부계약의 경우 제4호, 제5호 중 지급시기 및 제11호의 사항을 적지 아니할 수 있다.

[참고] 할부계약서의 서면에 포함사항

1. 할부거래업자·소비자 및 신용제공자의 성명 및 주소
2. 재화 등의 종류·내용 및 재화 등의 공급 시기
3. 현금가격
4. 할부가격
5. 각 할부금의 금액·지급횟수·지급기간 및 지급시기
6. 할부수수료의 실제연간요율
7. 계약금
8. 재화의 소유권 유보에 관한 사항
9. 제8조에 따른 청약철회의 기한·행사방법·효과에 관한 사항
10. 제11조 제1항에 따른 할부거래업자의 할부계약의 해제에 관한 사항
11. 제12조 제1항에 따른 지연손해금 산정 시 적용하는 비율
12. 제13조에 따른 소비자의 기한의 이익 상실에 관한 사항
13. 제16조에 따른 소비자의 항변권과 행사방법에 관한 사항

할부거래업자는 할부계약을 체결할 경우에는 계약서를 소비자에게 발급하여야 한다. 다만, 「여신전문금융업법」에 따른 신용카드회원과 신용카드가맹점 간의 간접할부계약의 경우 소비자의 동의를 받아 해당 계약의 내용을 팩스나 「전자문서 및 전자거래 기본법」 제2조 제1호에 따른 전자문서로 보내는 것으로 대신할 수 있으며, 팩스나 전자문서로 보낸 계약서의 내용이나 도달에 다툼이 있

으면 할부거래업자가 이를 증명하여야 한다.

신용제공자는 신용카드회사를 말하며, 할부가격, 각 할부금의 금액·지급횟수·지급기간 및 지급시기, 할부수수료의 실제연간요율, 청약철회의 기한·행사방법·효과에 관한 사항, 지연손해금 산정 시 적용하는 비율, 소비자의 기한의 이익 상실에 관한 사항, 및 소비자의 항변권과 행사방법에 관한 사항을 적은 서면을 소비자에게 발급하여야 한다.

할부계약이 계약서에 표시할 사항을 제대로 갖추지 못하거나 그 내용이 불확실한 경우에는 소비자와 할부거래업자 간의 특약이 없으면 그 계약내용은 어떠한 경우에도 소비자에게 불리하게 해석되어서는 아니 된다.

다. 할부수수료의 실제연간요율

할부계약에 따른 할부수수료의 실제연간요율의 계산방법과 최고한도는 「이자제한법」에서 정한 이자의 최고한도의 범위에서 대통령령으로 정한다. 대통령령에서는 할부수수료의 실제연간요율의 계산방법은 〈표 1〉과 같다. 또한 할부수수료의 실제연간요율의 최고한도는 연 100분의 25로 한다.

〈표 1〉 할부수수료의 실제연간요율의 계산방법(제5조 제1항 관련)

1. 할부수수료의 실제연간요율은 다음 각 목의 계산방법 중 어느 하나를 선택하여 산정한다.

가. 복리 계산방법: $A = P \times r \times \dfrac{(1+r)^n}{(1+r)^n - 1}$

나. 단리 계산방법: $R = \dfrac{F}{P} \times \dfrac{24}{n+1}$

2. 제1호의 계산방법에서 A, P, r, n, R 및 F는 각각 다음의 값을 표시한다.

A : 월 할부금

P : 할부원금(현금 판매가격 또는 할부거래업자·신용제공자가 소비자로부터 계약금·선수금 등을 받은 경우에는 현금판매가격에서 계약금·선수금 등을 뺀 금액을 말한다)

r : 할부수수료의 실제월요율(할부수수료의 실제연간요율÷12)

n : 대금 지급기간(월을 기준으로 한다)

R : 할부수수료의 실제연간요율

F : 할부수수료의 총액[금리·신용조사비·사무관리비와 그 밖에 명목에 관계 없이 할부거래에 관한 수수료로서 소비자가 할부거래업자 또는 신용제공자에게 지급하는 금액의 총액을 말한다. 다만, 저당권의 설정·말소, 공정증서의 작성 등 채권을 확보하기 위하여 드는 수수료(수수료의 금액은 해당 법령에서 정한 금액을 기준으로 한다)를 따로 표시하고 할부수수료에 포함하지 않는다는 뜻을 명시한 경우에는 이를 뺀 금액을 말한다]

3. 소비자의 청약철회권

가. 청약철회권의 행사기간

소비자는 할부거래법으로 정한 다음의 기간(거래당사자가 그보다 긴 기간을 약정한 경우에는 그 기간을 말한다) 이내에 할부계약에 관한 청약을 철회할 수 있다.

첫째, 할부거래법 제6조 제1항에 따른 계약서를 받은 날부터 7일 이내이다. 다만, 그 계약서를 받은 날보다 재화 등의 공급이 늦게 이루어진 경우에는 재화 등을 공급받은 날부터 7일이다.

둘째, 다음의 어느 하나에 해당하는 경우에는 그 주소를 안 날 또는 알 수 있었던 날 등 청약을 철회할 수 있는 날부터 7일이다. 즉, ① 할부거래법 제6조 제1항에 따른 계약서를 받지 아니한 경우, ② 할부거래업자의 주소 등이 적혀 있지 아니한 계약서를 받은 경우, ③ 할부거래업자의 주소 변경 등의 사유로 7일 이내에 청약을 철회할 수 없는 경우이다.

셋째, 할부거래법 제6조 제1항에 따른 계약서에 청약의 철회에 관한 사항이 적혀 있지 아니한 경우에는 청약을 철회할 수 있음을 안 날 또는 알 수 있었던 날부터 7일이다.

넷째, 할부거래업자가 청약의 철회를 방해한 경우에는 그 방해 행위가 종료한 날부터 7일 이내에 청약을 철회할 수 있다.

기간의 계산은 민법에 따라 초일불산입(初日不算入)의 원칙에 따라 초일을 제외하고 7일을 계산하여야 한다. 예컨대, 2024년 1월 2일에 할부계약을 체결하고 2일 뒤인 1월 4일에 할부계약서를 받은 경우에는 2024년 1월 11일까지 청약을 철회할 수 있다. 따라서 2024년 1월 11일 우체국소인이 찍힌 청약철회서를 서면으로 발송하여야 적법하게 청약을 철회한 것이 된다.

나. 청약철회권 행사의 제한

소비자는 다음의 어느 하나에 해당하는 경우에는 청약의 철회를 할 수 없다.

첫째, 소비자에게 책임있는 사유로 재화 등이 멸실되거나 훼손된 경우. 다만, 재화 등의 내용을 확인하기 위하여 포장 등을 훼손한 경우는 제외한다.

둘째, 사용 또는 소비에 의하여 그 가치가 현저히 낮아질 우려가 있는 것으로서 대통령령으로 정하는 재화 등을 사용 또는 소비한 경우,

---

〈참고〉 소비자가 청약의 철회를 할 수 없는 경우(할부거래법 제8조 제2항 제2호, 동법 시행령 제6조 제1항)

1. 「선박법」에 따른 선박
2. 「항공안전법」에 따른 항공기
3. 「철도사업법」 및 「도시철도법」에 따른 궤도를 운행하는 차량
4. 「건설기계관리법」에 따른 건설기계
5. 「자동차관리법」에 따른 자동차
6. 설치에 전문인력 및 부속자재 등이 요구되는 것으로서 다음 각 목에 해당하는 재화를 설치한 경우
   가. 「고압가스 안전관리법」 제3조 제4호에 따른 냉동기
   나. 전기 냉방기(난방 겸용인 것을 포함한다)
   다. 보일러

셋째, 시간이 지남으로써 다시 판매하기 어려울 정도로 재화 등의 가치가 현저히 낮아진 경우,

넷째, 복제할 수 있는 재화 등의 포장을 훼손한 경우,

다섯째, 그 밖에 거래의 안전을 위하여 대통령령으로 정하는 경우이다.

> [참고] 소비자가 청약의 철회를 할 수 없는 경우(할부거래법 제8조 제2항 제5호, 동
> 법 시행령 제6조 제2항)
>
> 1. 할부가격이 10만원 미만인 할부계약. 다만, 「여신전문금융업법」에 따른 신
>   용카드를 사용하여 할부거래를 하는 경우에는 할부가격이 20만원 미만인
>   할부계약을 말한다.
> 2. 소비자의 주문에 따라 개별적으로 제조되는 재화 등의 공급을 목적으로 하
>   는 할부계약

그러나 할부거래업자가 청약의 철회를 승낙하거나 할부거래업자는 위의 둘
째부터 넷째까지의 청약을 철회할 수 없는 재화 등에 대하여는 그 사실을 재화
등의 포장이나 그 밖에 소비자가 쉽게 알 수 있는 곳에 분명하게 표시하거나
시용(試用) 상품을 제공하는 등의 방법으로 소비자가 청약을 철회하는 것이 방
해받지 아니하도록 조치하여야 하는 의무를 하지 아니한 경우에는 둘째부터 넷
째까지의 청약을 철회할 수 없는 재화 등에 해당하는 경우에도 청약을 철회할
수 있다.

다. 청약철회권의 서면발송주의

소비자가 청약을 철회할 경우에 7일의 청약철회 기간 이내에 할부거래업자
에게 청약을 철회하는 의사표시가 적힌 서면을 발송하여야 한다.

의사표시의 효력발생시기에 대하여 민법은 도달주의 원칙을 취하고 있으
나 이에 대한 예외로 발신주의를 취하고 있다(민법 제111조). 청약의 철회는 서면
을 발송한 날에 그 효력이 발생한다. 청약의 철회를 했다는 증거를 보여주기 위
해서는 소비자가 내용증명우편을 이용하는 것이 효과적이다.

> [판례] 할부거래에 관한 법률 제4조 제1항에서 할부계약의 주요 내용을 서면
> 으로 하도록 한 취지
>
> [1] 할부거래에 관한 법률 제4조 제1항에서 할부계약의 주요 내용을 서면으로
> 하도록 한 취지는 할부거래에 있어서는 대금의 지급이 장기간에 걸쳐 계속되
> 기 때문에 계약 내용이 복잡하고 소비자의 충동구매가 이루어지는 경우가 많

은 현실을 감안하여, 매수인으로 하여금 할부계약의 내용을 이해할 수 있도록 함과 동시에 계약체결을 신중하게 하도록 함으로써 부당하게 불리한 특약으로부터 매수인을 보호하고, 분쟁을 사전에 예방하고자 한 데 있을 뿐이고, 그와 같은 서면 기재를 신용제공자에 대한 지급거절권의 행사요건으로 규정한 것은 아니다.

〈대법원 2006. 7. 28. 선고 2004다54633 판결〉

〈참고〉 의사표시의 효력발생시기에 대한 민법의 규정

「민법」 제111조(의사표시의 효력발생시기) ① 상대방이 있는 의사표시는 상대방에게 도달한 때에 그 효력이 생긴다.
② 의사표시자가 그 통지를 발송한 후 사망하거나 제한능력자가 되어도 의사표시의 효력에 영향을 미치지 아니한다.

민법 제111조 제1항에 의하여 상대방 있는 의사표시의 효력발생시기에 대해 원칙적으로 도달주의를 채택하고 있다.
'도달'의 의미에 대해 대법원은 "계약의 해제와 같은 상대방 있는 의사표시는 그 통지가 상대방에게 도달한 때 효력이 생기는 것이고(민법 제111조 제1항), 여기서 도달이라 함은 사회통념상 상대방이 통지의 내용을 알 수 있는 객관적 상태에 놓여 있는 경우를 가리키는 것으로서, 상대방이 통지를 현실적으로 수령하거나 통지의 내용을 알 것까지는 필요로 하지 않는다(대법원 2008. 6. 12. 선고 2008다19973 판결)"라고 판시하였다.
그러나 도달주의의 원칙에 대한 예외로 격지자간의 계약의 성립, 사원총회의 소집통지, 무권대리인의 상대방의 최고에 대한 본인의 확답, 제한능력자의 상대방의 독촉에 대한 본인의 확답 등에서 찾아볼 수 있다.

라. 할부거래업자의 증명책임

소비자가 청약철회권을 행사하였으나 이에 대한 다툼이 발생하는 경우가 있다. 따라서 청약철회와 관련하여 계약서의 발급사실과 그 시기, 재화 등의 공급사실과 그 시기 및 소비자가 청약철회를 할 수 없는 경우의 어느 하나에 해당하는지 여부에 관하여 다툼이 있는 경우에는 할부거래업자가 이를 입증(증명)하여야 한다.

할부거래업자는 할부거래법 제8조 제2항 제2호부터 제4호까지의 규정에 따라 ① 사용 또는 소비에 의하여 그 가치가 현저히 낮아질 우려가 있는 것으로서 대통령령으로 정하는 재화 등을 사용 또는 소비한 경우, ② 시간이 지남으로써 다시 판매하기 어려울 정도로 재화 등의 가치가 현저히 낮아진 경우, ③ 복제할 수 있는 재화 등의 포장을 훼손한 경우와 같이 청약을 철회할 수 없는 재화 등에 대하여는 그 사실을 재화 등의 포장이나 그 밖에 소비자가 쉽게 알 수 있는 곳에 분명하게 표시하거나 시용(試用) 상품을 제공하는 등의 방법으로 소비자가 청약을 철회하는 것이 방해받지 아니하도록 조치하여야 한다.

마. 간접할부계약에서의 청약의 철회 통보

소비자가 할부거래업자에게 간접할부계약에 관한 청약을 철회한 경우에는 청약철회기간인 7일 이내에 신용제공자에게 청약을 철회하는 의사표시가 적힌 서면을 발송하여야 한다.

소비자가 신용제공자에게 청약철회에 관한 서면을 발송하지 아니한 경우에는 신용제공자의 할부금지급청구를 거절할 수 없다. 다만, 소비자가 할부금지급청구를 거절할 수 있는 경우로 첫째, 신용제공자가 청약철회권 행사기간 7일 이내에 할부거래업자에게 재화 등의 대금을 지급한 경우, 둘째, 신용제공자가 할부거래업자로부터 소비자의 청약철회권 행사의 서면을 수령함으로써 지체 없이 해당 신용제공자에게 재화 등에 대한 할부금의 청구를 중지 또는 취소하도록 요청받은 경우이다. 이러한 경우에는 소비자가 그 서면을 발송하지 아니한 경우라도 신용제공자의 할부금지급청구를 거절할 수 있다.

바. 청약철회권의 행사 효과

소비자가 청약을 철회한 경우에는 이미 공급받은 재화 등을 반환하여야 한다. 할부거래업자(소비자로부터 재화 등의 계약금 또는 할부금을 지급받은 자 또는 소비자와 할부계약을 체결한 자를 포함한다)는 다음의 어느 하나에 해당하는 영업일 이내에 이미 지급받은 계약금 및 할부금을 환급하여야 한다.

첫째, 재화를 공급한 경우에는 제1항에 따라 재화를 반환받은 날부터 3영업일이거나 둘째, 용역을 제공한 경우에는 청약을 철회하는 서면을 수령한 날부터 3영업일인 경우이다.

할부거래업자가 소비자에게 재화 등의 계약금 및 할부금의 환급을 지연한 때에는 그 지연기간에 따라 「이자제한법」에서 정한 이자의 최고한도의 범위에서 대통령령으로 정하는 이율을 곱하여 산정한 지연이자(이하 "지연배상금"이라 한다)를 함께 환급하여야 한다.

[참고] 이자의 최고한도(이자제한법 제2조 제1항, 동법 시행령)

〈이자제한법〉

제2조(이자의 최고한도) ① 금전대차에 관한 계약상의 최고이자율은 연 25퍼센트를 초과하지 아니하는 범위 안에서 대통령령으로 정한다. [개정 2014. 1. 14] [시행일 2014. 7. 15.]

〈이자제한법 시행령〉 동법 제2조 제1항의 최고이자율에 관한 규정

「이자제한법」 제2조 제1항에 따른 금전대차에 관한 계약상의 최고이자율은 연 20퍼센트로 한다. [개정 2021. 4. 6] [시행일 2021. 4. 6]

할부거래업자는 이미 용역(일정한 시설을 이용하거나 용역을 제공받을 권리는 제외한다)이 제공된 때에는 이미 제공된 용역과 동일한 용역의 반환을 청구할 수 없다.

할부거래업자는 간접할부계약의 경우에 청약을 철회하는 서면을 수령한 때에는 지체 없이 해당 신용제공자에게 재화 등에 대한 할부금의 청구를 중지 또는 취소하도록 요청하여야 한다. 이 경우 할부거래업자가 신용제공자로부터 해당 재화 등의 대금을 이미 지급받은 때에는 지체 없이 이를 신용제공자에게 환급하여야 한다.

신용제공자는 할부거래업자로부터 할부금의 청구를 중지 또는 취소하도록 요청받은 경우 지체 없이 이에 필요한 조치를 취하여야 한다. 이 경우 소비자가 이미 지불한 할부금이 있는 때에는 지체 없이 이를 환급하여야 한다. 할부거래업자가 할부금 청구의 중지 또는 취소의 요청을 지연하여 소비자로 하여금 신용

제공자에게 할부금을 지불하게 한 경우 소비자가 지불한 금액에 대하여 소비자가 환급받는 날까지의 기간에 대한 지연배상금을 소비자에게 지급하여야 한다.

신용제공자가 할부금의 환급을 지연한 경우에도 그 지연기간에 따른 지연배상금을 소비자에게 지급하여야 한다. 다만, 할부거래업자가 요청을 지연하여 신용제공자로 하여금 소비자에 대한 할부금의 환급을 지연하게 한 경우에는 그 할부거래업자가 지연배상금을 지급하여야 한다.

할부거래업자 또는 신용제공자는 소비자가 청약을 철회함에 따라 소비자와 분쟁이 발생한 경우 분쟁이 해결될 때까지 할부금 지급거절을 이유로 해당 소비자를 약정한 기일 이내에 채무를 변제하지 아니한 자로 처리하는 등 소비자에게 불이익을 주는 행위를 하여서는 아니 된다.

할부거래업자는 소비자가 청약을 철회한 경우, 이미 재화 등이 사용되었거나 일부 소비된 경우에는 그 재화 등을 사용하거나 일부 소비하여 소비자가 얻은 이익 또는 그 재화 등의 공급에 든 비용에 상당하는 금액으로서 대통령령으로 정하는 범위의 금액을 초과하여 소비자에게 청구할 수 없다.

할부거래업자는 소비자가 청약을 철회한 경우, 공급받은 재화 등의 반환에 필요한 비용을 부담하며, 소비자에게 청약의 철회를 이유로 위약금 또는 손해배상을 청구할 수 없다.

4. 할부거래업자의 권리와 권리제한

가. 할부거래업자의 할부계약 해제권과 효력

소비자가 할부금 지급의무를 이행하지 아니하면 할부거래업자는 할부계약을 해제할 수 있다. 이 경우 할부거래업자는 그 계약을 해제하기 전에 14일 이상의 기간을 정하여 소비자에게 이행할 것을 서면으로 최고(催告)하여야 한다. 이는 민법의 이행지체를 이유로 계약을 해제하는 법정해제권의 행사이다.

할부거래업자 또는 소비자는 할부계약이 해제된 경우에는 상대방에게 원상회복(原狀回復)하여 줄 의무를 진다. 이 경우 상대방이 원상회복할 때까지 자기의 의무이행을 거절할 수 있다. 일종의 동시이행의 항변권을 행사하는 것이다.

할부거래업자는 재화 등의 소유권이 할부거래업자에게 유보된 경우, 그 할부계약을 해제하지 아니하고는 그 반환을 청구할 수 없다.

나. 할부거래업자 등의 손해배상 청구금액의 제한

할부거래업자 또는 신용제공자가 할부금 지급의무를 이행하지 아니한 것을 이유로 소비자에게 청구하는 손해배상액은 지연된 할부금에 「이자제한법」에서 정한 이자의 최고한도의 범위에서 대통령령으로 정하는 이율(2018년 2월 8일부터 연 24퍼센트)을 곱하여 산정한 금액에 상당하는 지연손해금을 초과하지 못한다.

할부거래업자가 소비자의 할부금지급의무 불이행을 이유로 할부계약을 해제한 경우에 소비자에게 청구하는 손해배상액은 다음의 어느 하나에 해당하는 금액과 지연손해금의 합계액을 초과하지 못한다.

첫째, 재화 등의 반환 등 원상회복이 된 경우에는 통상적인 사용료와 계약체결 및 그 이행을 위하여 통상 필요한 비용의 합계액이다. 다만, 할부가격에서 재화 등이 반환된 당시의 가액을 공제한 금액이 그 사용료와 비용의 합계액을 초과하는 경우에는 그 공제한 금액이다.

둘째, 재화 등의 반환 등 원상회복이 되지 아니한 경우에는 할부가격에 상당한 금액이다. 다만, 용역이 제공된 경우에는 이미 제공된 용역의 대가 또는 그 용역에 의하여 얻어진 이익에 상당하는 금액이다.

셋째, 재화 등의 공급이 되기 전인 경우에는 계약체결 및 그 이행을 위하여 통상 필요한 금액이다.

할부거래업자 또는 신용제공자는 손해배상액의 예정, 위약금, 그 밖에 명칭·형식이 어떠하든 지연할부금에 지연손해금을 합한 금액을 초과하여 손해배상을 청구할 수 없다.

할부거래업자 또는 신용제공자는 손해배상을 청구하는 경우 소비자의 손해가 최소화되도록 신의에 따라 성실히 하여야 한다. 이는 민법의 '신의성실의 원칙'을 규정한 것이다.

5. 소비자의 기한의 이익 상실, 기한 전 지급권 및 할부대금채권의 소멸시효

가. 소비자의 기한의 이익상실

소비자는 다음의 어느 하나에 해당하는 경우에는 할부금의 지급에 대한 기한의 이익을 주장하지 못한다.

첫째, 할부금을 다음 지급기일까지 연속하여 2회 이상 지급하지 아니하고 그 지급하지 아니한 금액이 할부가격의 100분의 10을 초과하는 경우이다.

둘째, 국내에서 할부금 채무이행 보증이 어려운 경우로서 대통령령으로 정하는 경우이다. 대통령령에서 규정한 것은 ① 생업에 종사하기 위하여 외국에 이주하는 경우이거나 ② 외국인과의 혼인 및 연고관계(緣故關係)로 인하여 외국에 이주하는 경우이다.

할부거래업자 또는 신용제공자가 소비자의 할부금지급의 기한이익상실로 소비자로부터 한꺼번에 지급받을 금액은 나머지 할부금에서 나머지 기간에 대한 할부수수료를 공제한 금액으로 한다. 이 경우 할부수수료는 일단위로 계산한다.

나. 소비자의 할부기한 전 전액지급 변제권

소비자는 할부기한이 되기 전이라도 나머지 할부금을 한꺼번에 지급할 수 있다. 소비자가 할부거래업자 또는 신용제공자에게 지급하는 금액은 나머지 할부금에서 나머지 기간에 대한 할부수수료를 공제한 금액으로 한다. 이 경우 할부수수료는 일단위로 계산한다(할부거래법 제13조 제2항에 따른 금액).

다. 할부대금채권의 소멸시효

할부계약에 의한 할부대금채권은 3년간 행사하지 아니하면 소멸시효가 완성한다.

6. 소비자의 할부금 지급거절의 항변권

가. 소비자의 할부금 지급 거절사유

소비자가 할부거래업자에게 그 할부금의 지급을 거절할 수 있는 할부금 지급거절의 항변권이 발생하는 경우는 다음의 어느 하나에 해당하는 사유가 있는 경우이다.

첫째, 할부계약이 불성립·무효인 경우,

둘째, 할부계약이 취소·해제 또는 해지된 경우,

셋째, 재화 등의 전부 또는 일부가 재화 등의 공급 시기까지 소비자에게 공급되지 아니한 경우,

넷째, 할부거래업자가 하자담보책임을 이행하지 아니한 경우,

다섯째, 그 밖에 할부거래업자의 채무불이행으로 인하여 할부계약의 목적을 달성할 수 없는 경우,

여섯째, 다른 법률에 따라 정당하게 청약을 철회한 경우이다.

소비자는 간접할부계약인 경우, 즉, 신용카드로 구매한 경우를 말하며, 이 경우에도 위의 어느 하나에 해당하는 사유가 있으면 할부가격이 대통령령으로 정한 금액 이상(현재 20만원 이상)인 경우에만 신용제공자에게 할부금의 지급을 거절하는 의사를 통지한 후 할부금의 지급을 거절할 수 있다.

소비자가 신용제공자에게 지급을 거절할 수 있는 금액은 할부금의 지급을 거절한 당시에 소비자가 신용제공자에게 지급하지 아니한 나머지 할부금으로 한다.

[판례] 할부거래에 관한 법률 제12조 제2항에서 매수인의 신용제공자에 대한 할부금의 지급거절권을 인정한 취지 및 간접할부계약에서 신용제공자가 물품매매계약상 해제의 원인이 된 약정 내용을 알지 못한 경우에도 매수인은 위 조항에 따라 신용제공자에게 할부금의 지급을 거절할 수 있는지 여부

[1] 할부거래에 관한 법률 제12조 제2항에서 매수인의 신용제공자에 대한 할부금의 지급거절권을 인정한 취지는, 할부거래에서 할부금융약정이 물품매매계약의 자금조달에 기여하고 두 계약이 경제적으로 일체를 이루는 경우에 그 물품

매매계약이 해제되어 더 이상 매매대금채무가 존재하지 아니하는데도 할부거래의 일방 당사자인 매수인에게 그 할부금의 지급을 강제하는 것이 형평의 이념에 반하므로, 매수인으로 하여금 매도인에 대한 항변사유를 들어 신용제공자에 대하여 할부금의 지급을 거절할 수 있는 권능을 부여한 것이라고 볼 것이다. 그러므로 이른바 간접할부계약에서 신용제공자가 물품매매계약상의 해제의 원인이 된 약정 내용을 알지 못하였다고 하더라도, 매수인은 매도인과 체결한 물품매매계약을 해제하면서 신용제공자에게도 할부거래에 관한 법률 제12조 제2항에 따라 지급거절의사를 통지한 후 그 할부금의 지급을 거절할 수 있다.

〈대법원 2006. 7. 28. 선고 2004다54633 판결〉

나. 소비자의 할부금 지급 거절 항변권의 서면행사

소비자가 할부금지급거절의 항변권의 행사를 서면으로 하는 경우 그 효력은 서면을 발송한 날에 발생한다.

할부거래업자 또는 신용제공자는 소비자의 항변을 서면으로 수령한 경우, 지체 없이 그 항변권의 행사가 할부거래법 제16조 제1항에 해당하는 사유인지를 확인하여야 한다. 해당하지 아니하는 경우에는 소비자의 항변을 수령한 날부터 다음의 어느 하나에 해당하는 영업일 이내, 할부거래업자는 5영업일이며, 신용제공자는 7영업일이내에 서면으로 소비자의 항변을 수용할 수 없다는 의사(意思)와 항변권의 행사가 할부거래법 제16조 제1항의 어느 하나에 해당하지 아니한다는 사실을 소비자에게 서면으로 통지하여야 한다.

할부거래업자 또는 신용제공자가 할부금 지급거절의 항변권 행사사유에 해당하지 아니한다는 통지를 하지 아니한 경우에는 소비자의 할부금 지급 거절의사를 수용한 것으로 본다.

할부거래업자 또는 신용제공자는 소비자가 할부금의 지급을 거절한 경우, 소비자와 분쟁이 발생하면 분쟁이 해결될 때까지 할부금 지급 거절을 이유로 해당 소비자를 약정한 기일 이내에 채무를 변제하지 아니한 자로 처리하는 등 소비자에게 불이익을 주는 행위를 하여서는 아니 된다(할부거래법 제20조 제7항). 이를 위반하여 소비자에게 불이익을 주는 행위를 한 자에게는 500만원 이하의 과태료를 부과한다(할부거래법 제53조 제4항 제6호).

다. 휴업기간 등에서의 청약의 철회에 관한 업무처리

할부거래업자 또는 신용제공자는 그 휴업기간 또는 영업정지기간 중에도 청약의 철회의 효과에 따른 원상회복의무 등에 관한 업무를 계속하여야 한다.

7. 선불식 할부거래

가. 선불식 할부거래업자

(1) 영업의 등록 등

선불식 할부거래업자는 대통령령으로 정하는 바에 따라 다음 각 호의 서류를 갖추어 특별시장·광역시장·특별자치시장·도지사 또는 특별자치도지사(이하 "시·도지사"라 한다)에게 등록하여야 한다.

> **[참고] 선불식 할부거래업자의 영업의 등록서류**
> 1. 상호·주소·전화번호·전자우편주소(영업소 및 대리점을 포함한다)·대표자의 이름·주민등록번호·주소 등을 적은 신청서
> 2. 자본금이 15억원 이상임을 증명하는 서류
> 3. 할부거래법 제27조에 따른 소비자피해보상보험계약 등의 체결 증명 서류
> 4. 그 밖에 선불식 할부거래업자의 신원을 확인하기 위하여 필요한 사항으로서 총리령으로 정하는 서류

선불식 할부거래업의 등록을 한 경우에는 시·도지사는 지체 없이 선불식 할부거래업 등록증을 교부하여야 한다. 선불식 할부거래업자는 상호 등의 일정한 사항(할부거래법 제1항 제1호부터 제3호)이 변경된 경우에는 대통령령으로 정하는 바에 따라 시·도지사에게 신고하여야 한다.

선불식 할부거래업자는 휴업 또는 폐업을 하거나 휴업 후 영업을 다시 시작할 때에는 대통령령으로 정하는 바에 따라 시·도지사에게 신고하여야 한다. 이 경우 시·도지사는 폐업신고를 받은 때에는 그 등록을 말소하여야 한다. 다만, 폐업신고 전 등록취소 요건에 해당되는 경우에는 폐업신고일에 등록이 취소된

것으로 본다.

공정거래위원회는 선불식 할부거래업자에 대한 두 가지 사항, 즉 첫째, 영업 등록한 사항 및 변경된 사항의 신고한 사항과 둘째, 그 밖에 공정거래위원회가 공정거래질서 확립 및 소비자보호를 위하여 필요하다고 인정하여 총리령으로 정하는 사항은 대통령령으로 정하는 바에 따라 공개하여야 한다. 다만, 선불식 할부거래업자의 경영ㆍ영업상 비밀에 관한 사항으로서 공개될 경우 선불식 할부거래업자의 정당한 이익을 현저히 해칠 우려가 있다고 인정되는 사항과 개인에 관한 사항으로서 사생활의 비밀 또는 자유를 침해할 우려가 있다고 인정되는 사항에 대하여는 공개하지 아니한다.

공정거래위원회는 공개를 위하여 필요한 경우에는 선불식 할부거래업자에게 관련 자료의 제출을 요구할 수 있다. 이 경우 선불식 할부거래업자는 정당한 사유가 없으면 관련 자료를 제출하여야 한다.

(2) 선불식 할부거래업자의 회계감사 보고서의 제출 및 공개

선불식 할부거래업자는 매 회계연도가 종료한 후 3개월 이내에 대통령령으로 정하는 절차 및 방법에 따라 「주식회사 등의 외부감사에 관한 법률」 제2조 제7호 및 제9조에 따른 감사인이 작성한 회계감사 보고서를 공정거래위원회에 제출하여야 한다.

공정거래위원회와 선불식 할부거래업자는 회계감사 보고서를 대통령령으로 정하는 절차 및 방법에 따라 공시하여야 한다.

(3) 자본금

할부거래법에 따라 선불식 할부거래에 관한 영업을 하고자 등록하려는 자는 「상법」상 회사로서 자본금이 15억 원 이상이어야 한다.

(4) 선불식 할부거래업자의 등록 결격사유

선불식 할부거래업은 일정한 결격사유가 있는 사람이나 회사는 등록할 수 없다. 다음의 어느 하나에 해당하는 자는 할부거래업의 등록을 할 수 없다.

[참고] 선불식 할부거래업의 등록결격사유(할부거래법 제20조)

1. 다음 각 목의 어느 하나에 해당하는 사람이 임원인 회사
   가. 미성년자
   나. 피한정후견인 또는 피성년후견인
   다. 파산선고를 받고 복권되지 아니한 사람
   라. 금고 이상의 실형을 선고받고 그 집행이 끝나거나(집행이 끝난 것으로 보는 경우를 포함한다) 집행이 면제된 날부터 5년이 지나지 아니한 사람
   마. 금고 이상의 형의 집행유예를 선고받고 그 유예기간 중에 있는 사람
   바. 이 법을 위반하여 벌금형을 선고받고 3년이 지나지 아니한 사람 「선박법」에 따른 선박
2. 다음 각 목의 어느 하나에 해당하는 사람이 지배주주인 회사
   가. 금고 이상의 실형을 선고받고 그 집행이 끝나거나(집행이 끝난 것으로 보는 경우를 포함한다) 집행이 면제된 날부터 5년이 지나지 아니한 사람
   나. 금고 이상의 형의 집행유예를 선고받고 그 유예기간 중에 있는 사람
3. 할부거래법 제40조에 따라 등록이 취소된 후 5년이 지나지 아니한 회사
4. 할부거래법 제40조에 따른 등록취소 당시 임원 또는 지배주주였던 사람이 임원 또는 지배주주인 회사

---

(5) 등록의 직권말소

할부거래법에 따라 등록한 선불식 할부거래업자가 파산선고를 받거나 관할세무서에 폐업신고를 한 경우 또는 6개월을 초과하여 영업을 하지 아니하는 등 실질적으로 영업을 할 수 없다고 판단되는 경우에는 시·도지사는 그 등록을 직권으로 말소할 수 있다.

(6) 지위의 승계

선불식 할부거래업자가 사업의 전부를 양도하거나 선불식 할부거래업자에 대하여 합병 또는 분할이 있는 경우, 해당 사업의 전부를 양수한 회사, 합병 후 존속하는 회사, 합병에 의하여 설립된 회사 또는 분할에 의하여 해당 사업의 전부를 승계한 회사는 그 선불식 할부거래업자의 지위를 승계한다. 다만, 지위를 승계하는 자가 할부거래법 제20조의 등록 결격사유에 해당하는 경우에는 승계할 수 없다.

합병, 분할 또는 사업의 전부를 양도하는 선불식 할부거래업자는 대통령령으로 정하는 날부터 14일 이내에 총리령으로 정하는 방법에 따라 다음 각 호의 사항을 공고하여야 한다.

[참고] 합병, 분할 또는 사업의 전부를 양도하는 선불식 할부거래업자의 공고사항

1. 다음 각 목의 어느 하나에 해당하는 회사의 상호, 주소 등 제18조 제5항에 따른 정보공개 사항
   가. 합병하는 회사, 합병 후 존속하는 회사 및 합병에 의하여 설립된 회사
   나. 분할하는 회사 및 분할에 의하여 해당 사업의 전부를 승계한 회사
   다. 사업의 전부를 양도하는 회사 및 양수하는 회사
2. 합병, 분할 또는 사업의 전부 양도를 통하여 이전되는 선불식 할부계약의 회원수 및 선수금 규모
3. 합병, 분할 또는 사업의 전부 양도의 내용 및 절차
4. 그 밖에 소비자의 권리를 보호하기 위하여 필요한 사항으로서 총리령으로 정하는 사항

등록한 선불식 할부거래업자의 지위를 승계한 회사는 대통령령으로 정하는 바에 따라 그 사항을 증명하는 서류를 첨부하여 시·도지사에 신고하여야 한다.

(7) 선불식 할부계약의 이전

선불식 할부계약을 이전하는 선불식 할부거래업자(이하 "이전하는 선불식 할부거래업자"라 한다)는 선불식 할부계약의 이전계약(이하 "이전계약"이라 한다)을 체결한 날부터 14일 이내에 총리령으로 정하는 방법에 따라 다음의 사항을 공고하여야 한다.

첫째, 이전하는 선불식 할부거래업자 및 선불식 할부계약을 이전받은 선불식 할부거래업자(이하 "이전받은 선불식 할부거래업자"라 한다)의 상호·주소 등 제18조 제5항에 따른 정보공개 사항,

둘째, 이전하는 선불식 할부계약의 회원수 및 선수금 규모,

셋째, 이전계약의 내용 및 절차,

넷째, 그 밖에 소비자의 권리를 보호하기 위하여 필요한 사항으로서 총리령으로 정하는 사항.

이전하는 선불식 할부거래업자는 이전계약을 체결한 날부터 30일 이내에 선불식 할부계약을 체결한 소비자가 이전계약의 내용을 이해할 수 있도록 총리령으로 정하는 방법에 따라 다음 각 호의 사항을 설명하고, 설명한 날부터 7일 이내에 소비자로부터 이전계약에 대한 동의를 받아야 한다. 다만, 해당 기간 내에 이전계약에 부동의 의사를 표시하지 아니한 소비자는 이전계약에 동의를 한 것으로 본다.

이전하는 선불식 할부거래업자는 소비자로부터 설명한 내용을 이해하고 동의하였다는 사실을 서명, 기명날인, 녹취 또는 그 밖에 대통령령으로 정하는 방법으로 확인받아야 한다. 다만, 해당 기간 내에 이전계약에 부동의 의사를 표시하지 아니한 소비자에게는 연락시간, 연락방법, 연락횟수 등을 기재하는 등 총리령으로 정하는 방법에 따라 해당 소비자에게 설명 등을 이행하였다는 사실을 확인할 수 있도록 하여야 한다.

이전하는 선불식 할부거래업자가 가진 선불식 할부계약에 관한 권리와 의무는 그 계약을 이전받은 선불식 할부거래업자가 승계한다. 이전계약에서 이전하기로 한 자산에 관하여도 또한 같다.

이전계약을 체결하는 경우 대통령령으로 정하는 선불식 할부계약과 관련된 자산은 이전하는 선불식 할부거래업자와 이전받은 선불식 할부거래업자에게 다음 각 호의 기준에 따라 배분하여 귀속한다.

[판례] 선불식 할부거래업자에게서 사업의 전부를 양수한 회사는 할부거래에 관한 법률 제22조 제1항에 따라 선불식 할부계약에 관한 일체의 권리와 의무를 승계하는지 여부 및 사업양도계약 당사자 사이의 승계를 배제하는 약정의 효력 여부

[1] 할부거래에 관한 법률(이하 '할부거래법'이라 한다)은 할부계약 및 선불식 할부계약에 의한 거래를 공정하게 함으로써 소비자의 권익의 보호 등을 목적으로 하여 주로 할부계약의 서면주의, 할부계약의 할부수수료율, 청약철회, 해제 등 사법상의 권리와 의무에 관한 내용을 정하고 있고, 특히 선불식 할부거

래업에 대하여는 영업을 등록하도록 하며, 자본금의 하한을 규정하고, 행정관청의 조사·감독 및 시정조치 등의 공법적 규제와 소비자피해보상보험계약의 체결의무 등을 추가하고 있는데, 이는 재화 등을 공급하기 전에 대금을 선불로 받는 선불식 할부거래 영업의 특성에 따른 소비자의 피해를 사전에 방지하기 위한 것인 점, 사업양도에 따른 선불식 할부거래업자의 지위승계에 관한 위 규정의 취지도 공법상 지위의 승계를 인정하여 영업의 편의를 제공한다는 측면보다는 사업양도의 경우에 발생할 수 있는 피해를 방지하여 선불식 할부거래업자와 계약을 체결한 소비자를 일반채권자보다 좀 더 두텁게 보호하고자 하는 데에 있는 점, 2016.1.25. 시행 예정인 할부거래법은 사업 전부의 양도가 아닌 계약이전의 경우에도 선불식 할부계약에 관한 권리와 의무의 승계를 인정하는 규정을 두고 있는 점(할부거래법 제22조의2 제4항 참조) 등에 비추어 보면, 선불식 할부거래업자에게서 사업의 전부를 양수한 회사는 할부거래법 제22조 제1항에 따라 대금청구권과 재화 등의 공급의무, 해약환급금 지급의무 등 선불식 할부계약에 관한 일체의 권리와 의무를 승계하고, 위 규정은 강행규정으로서 이와 달리 사업양도계약의 당사자 사이에 승계를 배제하는 약정을 하였더라도 약정은 효력이 없다.

〈대법원 2016. 1. 14. 선고 2015다50200 판결〉

[참고] 선불식할부거래의 이전계약에 따른 자산 배분 기준

이전하는 선불식 할부거래업자	이전받은 선불식 할부거래업자
선불식 할부계약을 체결한 소비자가 납입한 총선수금에서 선불식 할부계약의 이전에 동의하지 아니하는 소비자가 납입한 선수금이 차지하는 비율로 배분한 금액	선불식 할부계약을 체결한 소비자가 납입한 총선수금에서 선불식 할부계약 이전에 동의하는 소비자가 납입한 선수금이 차지하는 비율로 배분한 금액

이전하는 선불식 할부거래업자와 이전받은 선불식 할부거래업자는 확인받은 자료를 소비자에게 설명하고 동의를 받도록 한 기간이 경과한 날(이하 "동의기간 경과일"이라 한다)부터 5년간 보존하여야 한다.

이전받은 선불식 할부거래업자는 동의기간 경과 일부터 2개월 이내에 대통령령으로 정하는 방법에 따라 이전계약을 증명하는 서류를 첨부하여 시·도지사에게 신고하여야 한다.

나. 선불식 할부거래업자의 의무

(1) 계약체결 전의 정보 제공의무

선불식 할부거래업자 또는 모집인(이하 "선불식 할부거래업자등"이라 한다)은 선불식 할부계약을 체결하기 전에 소비자가 계약의 내용을 이해할 수 있도록 다음의 사항을 설명하여야 한다.

[참고] 선불식 할부거래업자의 소비자에 대한 설명사항

1. 선불식 할부거래업자 및 모집인의 상호(모집인이 자연인인 경우는 성명을 말한다)·주소·전화번호·전자우편주소·대표자의 이름
2. 재화 등의 종류 및 내용
3. 재화 등의 가격과 그 지급의 방법 및 시기
4. 재화 등을 공급하는 방법 및 시기
5. 계약금
6. 청약의 철회 및 계약 해제의 기한·행사방법·효과에 관한 사항 및 청약의 철회 및 계약 해제의 권리 행사에 필요한 서식으로서 총리령으로 정하는 것
7. 재화 등에 대한 불만 및 소비자와 사업자 사이의 분쟁 처리에 관한 사항
8. 소비자피해보상에 관한 사항으로 제27조 제1항에 따른 소비자피해보상보험 계약 등의 계약기간, 소비자피해보상금 및 같은 조 제4항에 따른 지급의무자 등 대통령령으로 정하는 사항
9. 선불식 할부계약을 체결한 날이 속하는 달의 전월 말일까지 선불식 할부거래업자가 받은 총선수금 중 제27조 제2항에 따라 보전하고 있는 총 보전금액 비율
10. 선불식 할부거래에 관한 약관
11. 그 밖에 소비자의 구매 여부 판단에 영향을 주는 거래조건 또는 소비자의 피해구제에 필요한 사항으로서 대통령령으로 정하는 사항

선불식 할부거래업자 등은 설명한 내용을 소비자가 이해하였다는 사실을 서명, 기명날인, 녹취 또는 그 밖에 전화, 팩스, 전자우편, 휴대전화에 의한 문자메

시지 또는 이와 비슷한 방법으로 소비자에게 확인받아야 한다.

(2) 계약체결에 따른 계약서 발급의무

선불식 할부거래업자는 선불식 할부계약을 체결할 경우에는 선불식 할부거래업자의 소비자에 대한 설명사항을 적은 계약서를 소비자에게 발급하여야 한다. 또한 이전받은 선불식 할부거래업자에게도 적용한다. 이 경우 이전받은 선불식 할부거래업자는 동의기간 경과일부터 30일 이내에 소비자에게 설명하고, 계약서를 발급하여야 한다.

선불식 할부거래업자는 선불식 할부거래업자의 소비자에 대한 설명사항 중 소비자보호를 위하여 필요한 사항으로서 대통령령으로 정하는 사항이 변경되는 경우에는 그 변경된 내용을 소비자에게 서면 또는 그 밖에 대통령령으로 정하는 방법에 따라 알려야 한다.

(3) 선불식 할부거래업자의 선수금 관련 통지의무

선불식 할부거래업자는 선수금을 받은 경우에는 선수금액, 납입횟수 등 총리령으로 정하는 내용을 소비자에게 통지하여야 한다. 이에 따른 통지의 절차 및 방법 등에 관하여 필요한 사항은 총리령으로 정한다(동법 제27조의2 제1항, 제2항)(본조신설 2023. 3. 21., 시행일: 2024. 3. 22.).

다. 소비자의 청약철회권

(1) 소비자의 청약의 철회권 행사기간

소비자는 다음의 기간(거래당사자가 다음 각 호의 기간보다 긴 기간으로 약정한 경우에는 그 기간을 말한다) 이내에 선불식 할부계약에 관한 청약을 철회할 수 있다.

[참고] 선불식 할부계약에 관한 청약철회기간(할부거래법 제24조 제1항)
1. 제23조 제3항에 따른 계약서를 받은 날부터 14일
2. 다음 각 목의 어느 하나에 해당하는 경우에는 그 주소를 안 날 또는 알 수 있었던 날 등 청약을 철회할 수 있는 날부터 14일
   가. 선불식 할부거래업자의 주소 등이 적혀 있지 아니한 계약서를 받은 경우

나. 선불식 할부거래업자의 주소 변경 등의 사유로 제1호의 기간 이내에 청
약을 철회할 수 없는 경우
3. 제23조 제3항에 따른 계약서에 청약의 철회에 관한 사항이 적혀 있지 아니
한 경우에는 청약을 철회할 수 있음을 안 날 또는 알 수 있었던 날부터 14일
4. 선불식 할부거래업자가 청약의 철회를 방해한 경우에는 그 방해행위가 종료
한 날부터 14일
5. 제23조 제3항에 따른 계약서를 받지 아니한 경우에는 계약일부터 3개월

(2) 청약철회권의 서면발송주의

소비자가 청약을 철회할 경우, 청약철회기간 이내에 선불식 할부거래업자에
게 청약을 철회하는 의사표시가 적힌 서면을 발송하여야 한다. 청약의 철회는
서면을 발송한 날에 그 효력이 발생한다.

계약서의 발급사실과 그 시기 등에 관하여 다툼이 있는 경우에는 선불식 할
부거래업자가 이를 입증(증명)하여야 한다.

소비자가 청약을 철회한 경우, 선불식 할부거래업자는 청약철회의 서면을
접수한 날부터 3영업일 이내에 이미 지급받은 계약금 및 할부금을 환급하여야
한다. 이 경우 선불식 할부거래업자가 환급을 지연한 때에는 그 지연기간에 따
라 지연배상금을 함께 환급하여야 한다.

라. 선불식 할부계약의 해제

(1) 소비자의 선불식 할부계약의 해제권

소비자가 선불식 할부계약을 체결하고, 그 계약에 의한 재화 등의 공급을
받지 아니한 경우에는 그 계약을 해제할 수 있다. 선불식 할부거래업자는 소비
자에 의하여 계약이 해제된 경우 소비자에게 해제로 인한 손실을 초과하는 위약
금을 청구하여서는 아니 된다.

선불식 할부거래업자는 소비자가 다음의 어느 하나에 해당하는 사유로 계약
을 해제하는 경우에는 위약금을 청구하여서는 아니 된다.

> **[참고] 선불식 할부거래업자의 귀책사유로 소비자가 계약해제한 경우**
>
> 1. 휴업 또는 폐업신고를 한 때
> 2. 영업정지 처분을 받은 때
> 3. 등록이 취소되거나 말소된 때
> 4. 「은행법」에 따른 은행으로부터 당좌거래의 정지처분을 받은 때
> 5. 파산 또는 화의(和議) 개시의 신청이 있는 때
> 6. 소비자가 선불식 할부계약의 이전계약에 동의하지 아니한 때

선불식 할부거래업자는 선불식 할부계약이 해제된 경우에는 해제된 날부터 3영업일 이내에 이미 지급받은 대금에서 위약금을 뺀 금액을 소비자에게 환급하여야 한다. 이 경우 선불식 할부거래업자가 환급을 지연한 때에는 그 지연기간에 따라 지연배상금을 함께 환급하여야 한다.

공정거래위원회는 총리령으로 정하는 바에 따라 위약금 및 대금의 환급에 관한 산정기준을 정하여 고시할 수 있다.

(2) 선불식 할부거래업자의 선불식 할부계약의 해제

선불식 할부거래업자는 소비자가 대금 지급의무를 이행하지 아니하면 선불식 할부계약을 해제할 수 있다. 이 경우 선불식 할부거래업자는 그 계약을 해제하기 전에 14일 이상의 기간을 정하여 소비자에게 이행할 것을 서면으로 최고(催告)하여야 한다.

마. 선불식 할부거래업자의 소비자피해보상보험계약 등의 체결의무

선불식 할부거래업자가 할부거래의 영업에 관하여 등록할 경우, 소비자로부터 선불식 할부계약과 관련되는 재화 등의 대금으로서 미리 수령한 금액(이하 "선수금"이라 한다)을 보전하기 위하여 다음의 어느 하나에 해당하는 계약(이하 "소비자피해보상보험계약등"이라 한다)을 체결하여야 한다.

첫째, 소비자피해보상을 위한 보험계약,

둘째, 소비자피해보상금의 지급을 확보하기 위한 「은행법」에 따른 은행과의 채무지급보증계약,

셋째, 소비자피해보상금의 지급을 확보하기 위한 대통령령으로 정하는 기관(이하 "예치기관"이라 한다)과의 예치계약,

넷째, 할부거래법 제28조에 따라 설립된 공제조합과의 공제계약.

선불식 할부거래업자가 소비자피해보상보험계약 등에 따라 보전하여야 할 금액(둘 이상의 계약을 체결한 경우에는 각 계약에 따라 보전되는 금액을 합산한다) 및 그 산정기준은 선수금 합계액의 100분의 50을 초과하지 아니하는 범위에서 대통령령으로 정한다.

누구든지 예치금을 상계·압류(가압류를 포함한다)하지 못하며, 선불식 할부거래업자는 대통령령으로 정하는 경우 외에는 예치금을 양도하거나 담보로 제공하여서는 아니 된다.

소비자피해보상보험계약 등에 따라 소비자피해보상금을 지급할 의무가 있는 자(이하 "지급의무자"라 한다)는 다음의 어느 하나에 해당하는 지급사유가 발생한 경우에는 지체 없이 이를 지급하여야 한다. 정당한 사유 없이 이를 지연한 경우에는 지연배상금을 지급하여야 한다.

> **[참고] 소비자피해보상금 지급사유**
> 1. 선불식 할부거래업자가 폐업한 경우
> 2. 선불식 할부거래업자가 「은행법」에 따른 은행으로부터 당좌거래의 정지처분을 받은 경우
> 3. 제21조에 따라 등록이 말소된 경우 및 제40조에 따라 등록이 취소된 경우
> 4. 그 밖에 선불식 할부거래업자의 채무불이행 등으로 인한 소비자피해보상을 위하여 대통령령으로 정하는 경우

예치기관은 지급사유가 발생한 경우에는 예치금을 인출하여 해당 선불식 할부거래업자와 선불식 할부계약을 체결한 소비자에게 우선하여 지급하여야 하며, 예치 및 예치금의 지급 등에 대한 구체적인 절차 및 방법에 대하여는 총리령으로 정한다.

선불식 할부거래업자는 소비자와 선불식 할부계약을 체결한 경우 계약체결일부터 7일 이내에 계약체결 사실 및 내용을 지급의무자에게 통지하여야 한다.

선불식 할부거래업자로부터 계약 사실 등을 통지 받은 지급의무자는 통지받은 날부터 30일 이내에 소비자에게 소비자피해보상 증서를 발급하여야 하며, 그 구체적인 절차·발급방법 및 내용 등에 대하여는 총리령으로 정한다.

공정거래위원회는 소비자피해보상업무의 감독을 위하여 필요한 경우 지급의무자에게 선수금 보전과 관련된 자료의 제출을 요구할 수 있다.

공정거래위원회는 지급의무자의 업무집행 등이 법령에 적합하지 아니한 경우 이의 시정을 명할 수 있고, 그 밖에 소비자의 피해구제 등과 관련하여 필요한 경우에는 적합한 조치를 요구할 수 있다.

선불식 할부거래업자는 소비자피해보상보험계약 등을 체결 또는 유지하는 경우 선수금 등의 자료를 제출함에 있어 거짓의 자료를 제출하여서는 아니 된다.

선불식 할부거래업자는 예치기관에 예치금을 입금하거나 예치금의 반환을 요청하는 경우에는 총리령으로 정하는 바에 따라 선수금의 증가 또는 감소를 증명하는 서류를 예치기관에 제출하여야 하며, 예치기관은 해당 서류를 확인한 후에 예치금을 반환하여야 한다.

바. 선불식 할부거래에서의 소비자보호지침의 제정

공정거래위원회는 선불식 할부거래에서의 건전한 거래질서의 확립과 소비자 보호를 위하여 사업자의 자율적 준수를 유도하기 위한 지침을 관련 분야의 거래당사자, 기관 및 단체의 의견을 들어 정할 수 있다(동법 제27조의3)(본조신설 2016. 3. 29., 제27조의2에서 이동 2023. 3. 21., 시행일: 2024. 3. 22.).

사. 소비자에게 불리한 계약의 금지, 전속관할, 사업자단체의 등록

동법 제6조부터 제13조까지, 제15조, 제16조, 제22조의2, 제23조부터 제26조까지의 규정을 위반한 약정으로서 소비자에게 불리한 것은 효력이 없다(동법 제43조). 이는 할부거래 및 선불식 할부거래의 소비자를 보호하기 위한 강행규정임을 명시한 것이다. 구체적으로 어떠한 규정인지를 살펴보면 다음과 같다.

할부계약	제6조(할부계약의 서면주의) 제7조(할부수수료의 실제연간요율) 제8조(청약의 철회) 제9조(간접할부계약에서의 청약의 철회 통보) 제10조(청약의 철회 효과) 제11조(할부거래업자의 할부계약 해제) 제12조(할부거래업자 등의 손해배상 청구금액의 제한) 제13조(소비자의 기한의 이익 상실) 제15조(할부대금채권의 소멸시효) 제16조(소비자의 항변권)
선불식 할부계약	제22조의2(선불식 할부계약의 이전) 제23조(계약체결 전의 정보 제공 및 계약체결에 따른 계약 서 발급) 제24조(소비자의 청약의 철회) 제25조(소비자의 선불식 할부계약 해제) 제26조(선불식 할부거래업자의 선불식 할부계약 해제)

할부거래 및 선불식 할부거래와 관련된 소(訴)는 제소 당시 소비자의 주소를, 주소가 없는 경우에는 거소를 관할하는 지방법원의 전속관할로 한다. 다만, 제소 당시 소비자의 주소 및 거소가 분명하지 아니한 경우에는 「민사소송법」의 관련 규정을 준용한다(동법 제44조).

할부거래 및 선불식 할부거래의 건전한 발전과 소비자의 신뢰도 제고, 그 밖에 공동이익의 증진을 목적으로 설립된 사업자단체는 대통령령으로 정하는 바에 따라 공정거래위원회에 등록할 수 있다. 이에 따른 등록의 요건, 방법 및 절차 등에 관하여 필요한 사항은 대통령령으로 정한다(동법 제45조 제1항, 제2항).

제3절 | 방문판매 등에 관한 법률

1. 법의 목적과 적용범위

가. 법의 목적

방문판매 등에 관한 법률(이하 '방문판매법'이라 한다)은 방문판매, 전화권유판매, 다단계판매, 후원방문판매, 계속거래 및 사업권유거래 등에 의한 재화 또는 용역의 공정한 거래에 관한 사항을 규정함으로써 소비자의 권익을 보호하고 시장의 신뢰도를 높여 국민경제의 건전한 발전에 이바지함을 목적으로 한다.

나. 법의 적용범위

(1) 방문판매와 방문판매자

"방문판매"란 재화 또는 용역(일정한 시설을 이용하거나 용역을 제공받을 수 있는 권리를 포함한다)의 판매(위탁 및 중개를 포함한다)를 업(業)으로 하는 자(이하 "판매업자"라 한다)가 방문을 하는 방법으로 그의 영업소, 대리점, 그 밖에 총리령으로 정하는 영업장소(이하 "사업장"이라 한다) 외의 장소에서 소비자에게 권유하여 계약의 청약을 받거나 계약을 체결(사업장 외의 장소에서 권유 등 총리령으로 정하는 방법으로 소비자를 유인하여 사업장에서 계약의 청약을 받거나 계약을 체결하는 경우를 포함한다)하여 재화 또는 용역(이하 "재화 등"이라 한다)을 판매하는 것을 말한다.

총리령으로 정한 "영업장소"란 영업소, 대리점, 지점, 출장소 등 명칭에 관계없이 다음의 네 가지 요건을 모두 갖춘 장소(이하 "사업장"이라 한다)를 말한다.

첫째, 소유 또는 임차(賃借)하거나 점용허가를 받은 고정된 장소에서 3개월 이상 계속적으로 영업할 것. 다만, 천재지변 등 불가피한 사유로 영업을 계속할 수 없는 기간은 산입하지 아니한다.

둘째, 판매에 필요한 시설을 갖출 것,

셋째, 영업 중에는 소비자가 자유의사에 따라 출입할 수 있을 것,

넷째, 영업장소 내에서 소비자가 자유의사에 따라 재화 또는 용역(이하 "재화

등"이라 한다)을 선택할 수 있는 상태를 유지할 것.

청약의 유인방법으로 "총리령으로 정하는 방법"이란 다음의 어느 하나에 해당하는 방법을 말한다.

첫째, 사업장 외의 장소에서 권유 등의 방법으로 소비자를 유인하여 함께 사업장으로 이동하는 것, 둘째, 주된 재화 등의 판매 목적을 숨기고 다른 재화 등의 무료·염가 공급 또는 소득 기회 제공 등의 방법으로 유인하여 소비자가 사업장에 방문하게 하는 것, 셋째, 다른 소비자에 비하여 현저하게 유리한 조건으로 재화 등을 판매·공급한다고 권유하여 소비자를 사업장에 방문하도록 하는 것을 말한다.

"방문판매자"란 방문판매를 업으로 하기 위하여 방문판매조직을 개설하거나 관리·운영하는 자(이하 "방문판매업자"라 한다)와 방문판매업자를 대신하여 방문판매업무를 수행하는 자(이하 "방문판매원"이라 한다)를 말한다.

(2) 전화권유판매와 전화권유판매자

"전화권유판매"란 전화를 이용하여 소비자에게 권유를 하거나 전화회신을 유도하는 방법으로 재화 등을 판매하는 것을 말한다.

또한 "전화권유판매자"란 전화권유판매를 업으로 하기 위하여 전화권유판매조직을 개설하거나 관리·운영하는 자(이하 "전화권유판매업자"라 한다)와 전화권유판매업자를 대신하여 전화권유판매업무를 수행하는 자(이하 "전화권유판매원"이라 한다)를 말한다.

(3) 다단계판매와 다단계판매자

"다단계판매"란 다음의 세 가지 요건을 모두 충족하는 판매조직(이하 "다단계판매조직"이라 한다)을 통하여 재화 등을 판매하는 것을 말한다.

첫째, 판매업자에 속한 판매원이 특정인을 해당 판매원의 하위 판매원으로 가입하도록 권유하는 모집방식이 있을 것,

둘째, 위 첫째에 따른 판매원의 가입이 3단계(다른 판매원의 권유를 통하지 아니하고 가입한 판매원을 1단계 판매원으로 한다. 이하 같다) 이상 단계적으로 이루어질 것. 다만, 판매원의 단계가 2단계 이하라고 하더라도 사실상 3단계 이상으로

관리·운영되는 경우로서 대통령령으로 정하는 경우를 포함한다.

셋째, 판매업자가 판매원에게 제9호 나목 또는 다목에 해당하는 후원수당을 지급하는 방식을 가지고 있을 것.

"다단계판매자"란 다단계판매를 업으로 하기 위하여 다단계판매조직을 개설하거나 관리·운영하는 자(이하 "다단계판매업자"라 한다)와 다단계판매조직에 판매원으로 가입한 자(이하 "다단계판매원"이라 한다)를 말한다.

> [판례] [1] 방문판매 등에 관한 법률 제2조 제5호에 정한 다단계판매의 해당 요건 [2] 화장품 등을 구매한 소비자의 전부 또는 일부가 화장품회사의 판매원으로 가입한 것이 아니라 기존 판매원의 모집·추천을 통하여 판매원이 된 경우, 방문판매 등에 관한 법률 제2조 제5호에 규정된 다단계판매에 해당하는지 여부
>
> [1] 방문판매 등에 관한 법률 제2조 제5호가 정하는 다단계판매에 해당하기 위하여는 당해 판매업자가 공급하는 재화 등을 구매한 소비자의 전부 또는 일부가 판매원으로 가입할 것을 필요로 한다.
>
> [2] 화장품 등을 구매한 소비자의 전부 또는 일부가 화장품회사의 판매원으로 가입한 것이 아니라 기존 판매원의 모집·추천을 통하여 판매원이 된 경우, 방문판매 등에 관한 법률 제2조 제5호에 규정된 다단계판매에 해당하지 않아서, 원고에 대한 시정명령이 위법하다.
>
> 〈대법원 2009. 4. 9. 선고 2008두17424 판결〉

(4) 후원방문판매와 후원방문판매자

"후원방문판매"란 방문판매와 다단계판매의 요건에 해당하되, 대통령령으로 정하는 바에 따라 특정 판매원의 구매·판매 등의 실적이 그 직근 상위판매원 1인의 후원수당에만 영향을 미치는 후원수당 지급방식을 가진 경우를 말한다. 이 경우 방문판매 및 다단계판매에는 해당하지 아니하는 것으로 한다.

"후원방문판매자"란 후원방문판매를 업으로 하기 위한 조직(이하 "후원방문판매조직"이라 한다)을 개설하거나 관리·운영하는 자(이하 "후원방문판매업자"라 한다)와 후원방문판매조직에 판매원으로 가입한 자(이하 "후원방문판매원"이라 한다)를

말한다.

"후원수당"이란 판매수당, 알선 수수료, 장려금, 후원금 등 그 명칭 및 지급형태와 상관없이 판매업자가 다음의 네 가지 사항과 관련하여 소속 판매원에게 지급하는 경제적 이익을 말한다.

첫째, 판매원 자신의 재화 등의 거래실적,

둘째, 판매원의 수당에 영향을 미치는 다른 판매원들의 재화 등의 거래실적,

셋째, 판매원의 수당에 영향을 미치는 다른 판매원들의 조직관리 및 교육훈련 실적,

넷째, 그 밖에 첫째에서 셋째까지의 규정 외에 판매원들의 판매활동을 장려하거나 보상하기 위하여 지급되는 일체의 경제적 이익.

(5) 계속거래

"계속거래"란 1개월 이상에 걸쳐 계속적으로 또는 부정기적으로 재화 등을 공급하는 계약으로서 중도에 해지할 경우 대금 환급의 제한 또는 위약금에 관한 약정이 있는 거래를 말한다.

(6) 사업권유거래

"사업권유거래"란 사업자가 소득 기회를 알선·제공하는 방법으로 거래 상대방을 유인하여 금품을 수수하거나 재화 등을 구입하게 하는 거래를 말한다.

(7) 소비자

"소비자"란 사업자가 제공하는 재화 등을 소비생활을 위하여 사용하거나 이용하는 자 또는 대통령령으로 정하는 자를 말한다. 대통령령에서는 사업자가 제공하는 재화 또는 용역(이하 "재화 등"이라 한다)을 소비생활 외의 목적으로 사용하거나 이용하는 자도 일정한 경우에는 소비자로 본다.

> **[참고] 방문판매법에서의 소비자의 범위(대통령령)**
>
> 1. 재화 등을 최종적으로 사용하거나 이용하는 자. 다만, 재화 등을 원재료(중간재를 포함한다) 및 자본재로 사용하는 자는 제외한다.

2. 법 제3조 제1호 단서에 해당하는 사업자로서 재화 등을 구매하는 자(해당 재화 등을 판매한 자에 대한 관계로 한정한다)

3. 다단계판매원 또는 후원방문판매원이 되기 위하여 다단계판매업자 또는 후원방문판매업자로부터 재화 등을 최초로 구매하는 자

4. 방문판매업자 또는 전화권유판매업자(이하 "방문판매업자 등"이라 한다)와 거래하는 경우의 방문판매원 또는 전화권유판매원(이하 "방문판매원등"이라 한다)

5. 재화 등을 농업(축산업을 포함한다) 및 어업 활동을 위하여 구입한 자(「원양산업발전법」 제6조 제1항에 따라 해양수산부장관의 허가를 받은 원양어업자는 제외한다)

(8) 지배주주

"지배주주"란 다음의 어느 하나에 해당하는 자를 말한다.

첫째, 대통령령으로 정하는 특수관계인과 함께 소유하고 있는 주식 또는 출자액의 합계가 해당 법인의 발행주식총수 또는 출자총액의 100분의 30 이상인 경우로서 그 합계가 가장 많은 주주 또는 출자자,

둘째, 해당 법인의 경영을 사실상 지배하는 자. 이 경우 사실상 지배의 구체적인 내용은 대통령령으로 정한다.

(9) 방문판매법의 적용제외

방문판매법은 다음의 거래에는 적용하지 아니한다.

첫째, 사업자(다단계판매원, 후원방문판매원 또는 사업권유거래의 상대방은 제외한다. 이하 이 호에서 같다)가 상행위를 목적으로 재화 등을 구입하는 거래. 다만, 사업자가 사실상 소비자와 같은 지위에서 다른 소비자와 같은 거래조건으로 거래하는 경우는 제외한다.

둘째, 「보험업법」 제2조 제6호에 따른 보험회사와 보험계약을 체결하기 위한 거래,

셋째, 개인이 독립된 자격으로 공급하는 재화 등의 거래로서 대통령령으로 정하는 거래이다.

(10) 방문판매법과 다른 법률과의 관계

방문판매, 전화권유판매, 다단계판매, 후원방문판매, 계속거래 및 사업권유거래(이하 "특수판매"라 한다)에서의 소비자보호와 관련하여 이 법과 다른 법률이 경합하여 적용되는 경우에는 이 법을 우선 적용한다. 다만, 다른 법률을 적용하는 것이 소비자에게 유리한 경우에는 그 법률을 적용한다.

다른 법률에 이 법과는 다른 방법에 따른 계약서 발급의무 등이 규정되어 있는 거래에 대하여는 제7조·제16조 및 제30조에 따른 계약서 발급 의무에 관한 규정을 적용하지 아니한다.

계속거래에 관하여 이 법에서 규정하고 있는 사항을 다른 법률에서 따로 정하고 있는 경우에는 그 법률을 적용한다.

「할부거래에 관한 법률」 제2조 제4호에 따른 선불식 할부거래 및 선불식 할부거래업자에 대하여는 제8조, 제9조, 제17조, 제18조 및 제37조를 적용하지 아니한다.

2. 방문판매와 전화권유판매

가. 방문판매업자와 전화권유판매업자의 신고 등

방문판매업자 또는 전화권유판매업자(이하 "방문판매업자 등"이라 한다)는 상호, 주소, 전화번호, 전자우편주소(법인인 경우에는 대표자의 성명, 주민등록번호 및 주소를 포함한다), 그 밖에 「상법」에 따른 회사인 방문판매업자등의 자산·부채 및 자본금을 공정거래위원회 또는 특별자치시장·특별자치도지사·시장·군수·구청장(자치구의 구청장을 말한다)에게 신고하여야 한다. 다만, 다음의 자는 신고하지 않아도 된다.

첫째, 방문판매원 또는 전화권유판매원(이하 "방문판매원 등"이라 한다)을 두지 아니하는 소규모 방문판매업자, 둘째, 등록한 다단계판매업자 그리고 셋째, 등록한 후원방문판매업자이다.

신고한 사항이 변경된 경우에나 신고한 방문판매업자 등은 휴업 또는 폐업을 하거나 휴업한 후 영업을 다시 시작할 때에는 이를 신고하여야 한다. 공정거래위원회는 방문판매업자등이 신고한 사항을 공개할 수 있다.

나. 방문판매원등의 명부 작성 등

방문판매업자 등은 총리령으로 정하는 바에 따라 방문판매원 등의 명부를 작성하여야 한다. 방문판매업자 등은 소비자피해를 방지하거나 구제하기 위하여 소비자가 요청하면 언제든지 소비자로 하여금 방문판매원등의 신원을 확인할 수 있도록 하여야 한다.

방문판매자 또는 전화권유판매자(이하 "방문판매자 등"이라 한다)가 재화 등을 판매하려는 경우에는 소비자에게 미리 해당 방문 또는 전화가 판매를 권유하기 위한 것이라는 점과 방문판매자 등의 성명 또는 명칭, 판매하는 재화 등의 종류 및 내용을 밝혀야 한다.

다. 방문판매업자 등의 소비자정보제공의무

방문판매자 등은 재화 등의 판매에 관한 계약을 체결하기 전에 소비자가 계약의 내용을 이해할 수 있도록 다음의 사항을 설명하여야 한다(방문판매법 제7조 제1항).

[참고] 방문판매업자의 소비자에 대한 계약내용 설명사항

1. 방문판매업자 등의 성명(법인인 경우에는 대표자의 성명을 말한다), 상호, 주소, 전화번호 및 전자우편주소
2. 방문판매원 등의 성명, 주소, 전화번호 및 전자우편주소. 다만, 방문판매업자 등이 소비자와 직접 계약을 체결하는 경우는 제외한다.
3. 재화 등의 명칭, 종류 및 내용
4. 재화 등의 가격과 그 지급의 방법 및 시기
5. 재화 등을 공급하는 방법 및 시기
6. 청약의 철회 및 계약의 해제(이하 "청약철회 등"이라 한다)의 기한·행사방법·효과에 관한 사항 및 청약철회 등의 권리 행사에 필요한 서식으로서 총리령으로 정하는 것
7. 재화 등의 교환·반품·수리보증 및 그 대금 환불의 조건과 절차

8. 전자매체로 공급할 수 있는 재화 등의 설치·전송 등과 관련하여 요구되는 기술적 사항
9. 소비자피해 보상, 재화 등에 대한 불만 및 소비자와 사업자 사이의 분쟁 처리에 관한 사항
10. 거래에 관한 약관
11. 그 밖에 소비자의 구매 여부 판단에 영향을 주는 거래조건 또는 소비자피해 구제에 필요한 사항으로서 대통령령으로 정하는 사항

방문판매자 등은 재화 등의 판매에 관한 계약을 체결할 때에는 위의 설명사항을 적은 계약서를 소비자에게 발급하여야 한다.

방문판매자 등은 재화 등의 계약을 미성년자와 체결하려는 경우에는 법정대리인의 동의를 받아야 한다. 이 경우 법정대리인의 동의를 받지 못하면 미성년자 본인 또는 법정대리인이 계약을 취소할 수 있음을 알려야 한다.

계약서 중 전화권유판매에 관한 계약서의 경우에는 소비자의 동의를 받아 그 계약의 내용을 팩스나 전자문서(「전자문서 및 전자거래 기본법」 제2조 제1호에 따른 전자문서를 말한다)로 송부하는 것으로써 갈음할 수 있다. 이 경우 팩스나 전자문서로 송부한 계약서의 내용이나 도달에 관하여 다툼이 있으면 전화권유판매자가 이를 증명하여야 한다.

방문판매업자등은 소비자에게 설명하거나 표시한 거래조건을 신의에 좇아 성실하게 이행하여야 한다. 민법의 신의성실의 원칙이 적용되는 것이다.

라. 전화권유판매업자의 통화내용 보존의무

전화권유판매에 관한 계약의 경우 전화권유판매업자는 소비자의 동의를 받아 통화내용 중 계약에 관한 사항을 계약일부터 3개월 이상 보존하여야 한다.

소비자는 전화권유판매업자가 보존하는 통화내용에 대하여 방문·전화·팩스 또는 전자우편 등의 방법으로 열람을 요청할 수 있으며, 전화권유판매업자는 그 요청에 따라야 한다.

마. 방문판매 등에 대한 소비자의 청약철회권

(1) 소비자의 청약철회권의 행사

방문판매 또는 전화권유판매(이하 "방문판매 등"이라 한다)의 방법으로 재화 등의 구매에 관한 계약을 체결한 소비자는 다음 각 호의 기간(거래 당사자 사이에 다음 각 호의 기간보다 긴 기간으로 약정한 경우에는 그 기간) 이내에 그 계약에 관한 청약철회 등을 할 수 있다.

[참고] 방문판매 등의 소비자 청약철회권의 행사기간

1. 제7조 제2항에 따른 계약서를 받은 날부터 14일. 다만, 그 계약서를 받은 날보다 재화 등이 늦게 공급된 경우에는 재화 등을 공급받거나 공급이 시작된 날부터 14일

2. 다음 각 목의 어느 하나의 경우에는 방문판매자 등의 주소를 안 날 또는 알 수 있었던 날부터 14일

   가. 제7조 제2항에 따른 계약서를 받지 아니한 경우

   나. 방문판매자 등의 주소 등이 적혀 있지 아니한 계약서를 받은 경우

   다. 방문판매자 등의 주소 변경 등의 사유로 제1호에 따른 기간 이내에 청약철회 등을 할 수 없는 경우

3. 제7조 제2항에 따른 계약서에 청약철회 등에 관한 사항이 적혀 있지 아니한 경우에는 청약철회 등을 할 수 있음을 안 날 또는 알 수 있었던 날부터 14일

4. 방문판매업자등이 청약철회 등을 방해한 경우에는 그 방해 행위가 종료한 날부터 14일

소비자는 법률이 정하는 제한사유가 있는 경우를 제외하고는 일정한 기간 내에 판매자에 대하여 일방적으로 판매계약에 대한 청약을 철회하여 계약을 무효화할 수 있는데, 이를 청약철회권이라고 하며, 그러한 경우 공급받은 재화를 반환하고 지급한 대금을 환급받을 수 있다.

〈계약 종류별 청약철회권 또는 계약해지권의 행사주체와 기간〉

계약종류	행사주체	권리	기간
방문판매	소비자	청약철회권	14일(제한사유 있음)
전화권유판매	소비자	청약철회권	14일(제한사유 있음)
다단계판매	소비자	청약철회권	14일(제한사유 있음)
	다단계판매원	청약철회권	3개월(제한사유 있음)
후원방문판매	–	없음	–
계속거래	소비자	계약해지권	언제든지(예외 있음)
사업권유거래	소비자	계약해지권	언제든지(예외 있음)

(2) 소비자의 청약철회권 행사의 제한

소비자는 다음의 어느 하나에 해당하는 경우에는 방문판매자 등의 의사와 다르게 청약철회 등을 할 수 없다.

[참고] 소비자의 청약철회권 행사의 제한

1. 소비자에게 책임이 있는 사유로 재화 등이 멸실되거나 훼손된 경우. 다만, 재화 등의 내용을 확인하기 위하여 포장 등을 훼손한 경우는 제외한다.
2. 소비자가 재화 등을 사용하거나 일부 소비하여 그 가치가 현저히 낮아진 경우
3. 시간이 지남으로써 다시 판매하기 어려울 정도로 재화 등의 가치가 현저히 낮아진 경우
4. 복제할 수 있는 재화 등의 포장을 훼손한 경우
5. 그 밖에 거래의 안전을 위하여 대통령령으로 정하는 경우

다만, 방문판매자 등이 위의 청약철회 등을 할 수 없는 재화 등의 경우에는 그 사실을 재화 등의 포장이나 그 밖에 소비자가 쉽게 알 수 있는 곳에 분명하게 표시하거나 시용(試用) 상품을 제공하는 등의 방법으로 청약철회 등의 권리행사가 방해받지 아니하도록 조치하여야 한다. 이러한 조치를 하지 아니한 경우에는 청약철회가 제한되는 세 가지 경우라도 청약철회 등을 할 수 있다.

소비자는 재화 등의 내용이 표시·광고의 내용과 다르거나 계약 내용과 다르

게 이행된 경우에는 그 재화 등을 공급받은 날부터 3개월 이내에, 그 사실을 안 날 또는 알 수 있었던 날부터 30일 이내에 청약철회 등을 할 수 있다.

청약철회 등을 서면으로 하는 경우에는 청약철회 등의 의사를 표시한 서면을 발송한 날에 그 효력이 발생한다.

(3) 소비자의 청약철회권 행사의 효과

소비자는 청약철회 등을 한 경우에는 이미 공급받은 재화 등을 반환하여야 한다. 방문판매자 등(소비자로부터 재화 등의 대금을 지급받은 자 및 소비자와 방문판매 등에 관한 계약을 체결한 자를 포함한다)은 재화 등을 반환받은 날부터 3영업일 이내에 이미 지급받은 재화 등의 대금을 환급하여야 한다. 이 경우 방문판매자 등이 소비자에게 재화 등의 대금의 환급을 지연하면 그 지연기간에 따라 연 100분의 40 이내의 범위에서 「은행법」에 따른 은행이 적용하는 연체금리 등 경제 사정을 고려하여 대통령령으로 정하는 이율(연 100분의 15)을 곱하여 산정한 지연이자(이하 "지연배상금"이라 한다)를 지급하여야 한다.

방문판매자 등은 재화 등의 대금을 환급할 때 소비자가 「여신전문금융업법」 제2조 제3호에 따른 신용카드나 그 밖에 대통령령으로 정하는 결제수단(이하 "신용카드 등"이라 한다)으로 재화 등의 대금을 지급한 경우에는 지체 없이 그 신용카드 등의 대금 결제수단을 제공한 사업자(이하 "결제업자"라 한다)로 하여금 재화 등의 대금 청구를 정지하거나 취소하도록 요청하여야 한다. 다만, 방문판매자 등이 결제업자로부터 그 재화 등의 대금을 이미 지급받은 경우에는 지체 없이 이를 결제업자에게 환급하고 그 사실을 소비자에게 알려야 한다.

방문판매자 등으로부터 재화 등의 대금을 환급받은 결제업자는 지체 없이 소비자에게 이를 환급하거나 환급에 필요한 조치를 하여야 한다.

방문판매자 등 중 환급을 지연하여 소비자로 하여금 대금을 결제하게 한 방문판매자 등은 그 지연기간에 대한 지연배상금을 소비자에게 지급하여야 한다.

소비자는 방문판매자 등이 정당한 사유 없이 결제업자에게 대금을 환급하지 아니하는 경우에는 환급받을 금액에 대하여 결제업자에게 그 방문판매자 등에 대한 다른 채무와 상계(相計)할 것을 요청할 수 있다. 이 경우 결제업자는 대통령령으로 정하는 바에 따라 그 방문판매자 등에 대한 다른 채무와 상계할 수 있다.

소비자는 결제업자가 상계를 정당한 사유 없이 게을리 한 경우, 결제업자에 대하여 대금 결제를 거부할 수 있다. 이 경우 방문판매자 등과 결제업자는 그 결제의 거부를 이유로 해당 소비자를 약정한 날짜 이내에 채무를 변제하지 아니한 자로 처리하는 등 소비자에게 불이익을 주는 행위를 하여서는 아니 된다.

방문판매자 등은 이미 재화 등이 사용되거나 일부 소비된 경우에는 그 재화 등을 사용하거나 일부 소비하여 소비자가 얻은 이익 또는 그 재화 등의 공급에 든 비용에 상당하는 금액으로서 대통령령으로 정하는 범위의 금액을 지급할 것을 소비자에게 청구할 수 있다.

청약철회 등의 경우 공급받은 재화 등의 반환에 필요한 비용은 방문판매자 등이 부담하며, 방문판매자 등은 소비자에게 청약철회 등을 이유로 위약금 또는 손해배상을 청구할 수 없다.

방문판매자 등, 재화 등의 대금을 지급받은 자 또는 소비자와 방문판매 등에 관한 계약을 체결한 자가 동일인이 아닌 경우, 각자는 청약철회 등에 따른 재화 등의 대금 환급과 관련한 의무의 이행에 있어 연대하여 책임을 진다.

바. 방문판매업자 등의 소비자에 대한 손해배상청구금액의 제한 등

소비자에게 책임이 있는 사유로 재화 등의 판매에 관한 계약이 해제된 경우 방문판매자 등이 소비자에게 청구하는 손해배상액은 다음에서 정한 금액에 대금 미납에 따른 지연배상금을 더한 금액을 초과할 수 없다.

[참고] 소비자의 계약해제로 방문판매업자의 소비자에 대한 손해배상청구금액의 제한

1. 공급한 재화 등이 반환된 경우에는 다음 각 목의 금액 중 큰 금액
   가. 반환된 재화 등의 통상 사용료액 또는 그 사용으로 통상 얻을 수 있는 이익에 상당하는 금액
   나. 반환된 재화 등의 판매가액에서 그 재화 등이 반환된 당시의 가액을 뺀 금액
2. 공급한 재화 등이 반환되지 아니한 경우에는 그 재화 등의 판매가액에 상당

> 하는 금액

공정거래위원회는 방문판매자 등과 소비자 간의 손해배상청구에 따른 분쟁을 원활하게 해결하기 위하여 필요한 경우, 손해배상액의 산정기준을 정하여 고시할 수 있다.

3. 다단계판매 및 후원방문판매

가. 다단계판매업자의 등록

다단계판매업자는 대통령령으로 정하는 바에 따라 다음의 서류를 갖추어 공정거래위원회 또는 특별시장·광역시장·특별자치시장·도지사·특별자치도지사(이하 "시·도지사"라 한다)에게 등록하여야 한다.

[참고] 다단계판매업자의 등록서류

1. 상호·주소, 전화번호 및 전자우편주소(법인인 경우에는 대표자의 성명, 주민등록번호 및 주소를 포함한다) 등을 적은 신청서
2. 자본금이 3억 원 이상으로서 대통령령으로 정하는 규모 이상임을 증명하는 서류
3. 제37조에 따른 소비자피해보상보험계약 등의 체결 증명서류
4. 후원수당의 산정 및 지급 기준에 관한 서류
5. 재고관리, 후원수당 지급 등 판매의 방법에 관한 사항을 적은 서류
6. 그 밖에 다단계판매자의 신원을 확인하기 위하여 필요한 사항으로서 총리령으로 정하는 서류

다단계판매업자는 등록한 사항 중에 변경된 경우에는 대통령령으로 정하는 바에 따라 신고하여야 한다. 다단계판매업자는 휴업 또는 폐업을 하거나 휴업 후 영업을 다시 시작할 때에는 대통령령으로 정하는 바에 따라 이를 신고하여야 하며, 폐업을 신고하면 등록은 그 효력을 잃는다. 다만, 폐업신고 전 등록취소 요건에 해당되는 경우에는 폐업신고 일에 등록이 취소된 것으로 본다.

공정거래위원회는 다단계판매업자에 대한 등록한 사항, 그 밖에 공정거래위원회가 공정거래질서 확립 및 소비자보호를 위하여 필요하다고 인정하는 사항에 관한 정보를 대통령령으로 정하는 바에 따라 공개하여야 한다. 다만, 다단계판매업자의 경영상·영업상 비밀에 관한 사항으로서 공개될 경우 다단계판매업자의 정당한 이익을 현저히 해칠 우려가 있다고 인정되는 정보 및 개인에 관한 사항으로서 공개될 경우 사생활의 비밀 또는 자유를 침해할 우려가 있다고 인정되는 정보의 경우에는 그러하지 아니하다.

공정거래위원회는 정보 공개를 위하여 필요한 경우에는 다단계판매업자에게 관련 자료의 제출을 요구할 수 있다. 이 경우 다단계판매업자는 정당한 사유가 없으면 이에 따라야 한다.

나. 다단계판매에서의 소비자와 다단계판매원의 청약철회권

(1) 소비자의 청약철회권

다단계판매의 방법으로 재화 등의 구매에 관한 계약을 체결한 소비자가 청약철회 등을 하는 경우에는 방문판매법 제8조를 준용하며, 이 경우 "방문판매자 등"은 "다단계판매자"로 본다. 따라서 청약철회권의 행사기간은 14일이다. 다만, 소비자가 다단계판매원과 재화 등의 구매에 관한 계약을 체결한 경우 그 소비자는 다단계판매원에 대하여 우선적으로 청약철회 등을 하고, 다단계판매원의 소재 불명 등 대통령령으로 정하는 사유로 다단계판매원에 대하여 청약철회 등을 하는 것이 어려운 경우에만 그 재화 등을 공급한 다단계판매업자에 대하여 청약철회 등을 할 수 있다.

(2) 다단계판매원의 청약철회권

다단계판매의 방법으로 재화 등의 구매에 관한 계약을 체결한 다단계판매원은 다음의 어느 하나에 해당하는 경우를 제외하고는 계약을 체결한 날부터 3개월 이내에 서면(전자문서를 포함한다)으로 그 계약에 관한 청약철회 등을 할 수 있다.

[참고] 다단계판매에 있어서 다단계판매원의 청약철회의 제한
1. 재고 보유에 관하여 다단계판매업자에게 거짓으로 보고하는 등의 방법으로

> 과다하게 재화 등의 재고를 보유한 경우
> 2. 다시 판매하기 어려울 정도로 재화 등을 훼손한 경우
> 3. 그 밖에 대통령령으로 정하는 경우
>   가. 다단계판매원 또는 후원방문판매원의 주소·전화번호 또는 전자우편주소
>   등 연락처의 변경이나 소재 불명 등의 사유로 청약철회 등을 할 수 없는
>   경우
>   나. 해당 다단계판매원 또는 후원방문판매원에게 청약철회 등을 하더라도 대
>   금 환급 등의 효과를 기대하기 어려운 경우

다. 다단계판매에서의 소비자의 청약철회권 행사의 효과

다단계판매의 상대방(다단계판매자가 다단계판매원 또는 소비자에게 판매한 경우
에는 다단계판매원 또는 소비자를 말하고, 다단계판매원이 소비자에게 판매한 경우에는
소비자를 말한다)은 제17조에 따라 청약철회 등을 한 경우에는 이미 공급받은 재
화 등을 반환하여야 한다.

다단계판매자(상대방으로부터 재화 등의 대금을 지급받은 자 또는 상대방과 다단
계판매에 관한 계약을 체결한 자를 포함한다)는 재화 등을 반환받은 날부터 3영업일
이내에 이미 지급받은 재화 등의 대금을 환급하여야 한다. 다만, 다단계판매업자
가 다단계판매원에게 재화 등의 대금을 환급할 때에는 대통령령으로 정하는 범
위의 비용을 공제할 수 있으며, 다단계판매자가 상대방에게 재화 등의 대금 환
급을 지연하였을 때에는 그 지연기간에 대한 지연배상금을 지급하여야 한다.

상대방이 신용카드 등으로 대금을 지급한 계약에 대하여 청약철회 등을 한
경우에는 다단계판매자는 지체 없이 그 결제업자에게 재화 등의 대금 청구를 정
지하거나 취소할 것을 요청하여야 한다. 다만, 다단계판매자가 결제업자로부터
해당 재화 등의 대금을 이미 지급받은 경우에는 지체 없이 이를 결제업자에게
환급하고 그 사실을 상대방에게 알려야 하며, 환급이 지연되어 상대방이 대금을
결제한 경우에는 결제한 날 이후의 지연기간에 대한 지연배상금을 상대방에게
지급하여야 한다.

다단계판매자로부터 재화 등의 대금을 환급받은 결제업자는 지체 없이 상대
방에게 이를 환급하거나 환급에 필요한 조치를 하여야 하며, 다단계판매자가 정

당한 사유 없이 결제업자에게 대금을 환급하지 아니하는 경우 상대방은 환급받을 금액에 대하여 결제업자에게 그 다단계판매자에 대한 다른 채무와 상계할 것을 요청할 수 있고, 결제업자는 대통령령으로 정하는 바에 따라 그 다단계판매자에 대한 다른 채무와 상계할 수 있다.

결제업자가 상계를 정당한 사유 없이 게을리 한 경우 상대방은 결제업자에 대하여 대금 결제를 거부할 수 있다. 이 경우 다단계판매자와 결제업자는 그 결제 거부를 이유로 그 상대방을 약정한 날짜 이내에 채무를 변제하지 아니한 자로 처리하는 등 상대방에게 불이익을 주는 행위를 하여서는 아니 된다.

다단계판매자는 청약철회 등에 따라 재화 등의 대금을 환급한 경우 그 환급한 금액이 자신이 다단계판매원에게 공급한 금액을 초과할 때에는 그 차액을 다단계판매원에게 청구할 수 있다.

다단계판매자는 재화 등의 일부가 이미 사용되거나 소비된 경우에는 그 재화 등을 사용하거나 일부 소비하여 상대방이 얻은 이익 또는 그 재화 등의 공급에 든 비용에 상당하는 금액의 지급을 그 상대방에게 청구할 수 있다.

청약철회 등의 경우 공급받은 재화 등의 반환에 필요한 비용은 다단계판매자가 부담하며, 다단계판매자는 상대방에게 위약금 또는 손해배상을 청구할 수 없다.

다단계판매자, 상대방으로부터 재화 등의 대금을 지급받은 자 또는 상대방과 다단계판매에 관한 계약을 체결한 자가 동일인이 아닌 경우 각자는 재화 등의 대금 환급과 관련한 의무의 이행에 있어 연대하여 책임을 진다.

라. 다단계판매업자의 다단계판매원에 대한 후원수당의 지급기준

다단계판매업자는 다단계판매원에게 고지한 후원수당의 산정 및 지급 기준과 다르게 후원수당을 산정·지급하거나 그 밖의 부당한 방법으로 다단계판매원을 차별하여 대우하여서는 아니 된다.

다단계판매업자는 후원수당의 산정 및 지급 기준을 객관적이고 명확하게 정하여야 하며, 후원수당의 산정 및 지급 기준을 변경하려는 경우에는 대통령령으로 정한 절차에 따라야 한다.

다단계판매업자가 다단계판매원에게 후원수당으로 지급할 수 있는 총액은 다단계판매업자가 다단계판매원에게 공급한 재화 등의 가격(부가가치세를 포함한

다) 합계액(이하 이 조에서 "가격합계액"이라 한다)의 100분의 35에 해당하는 금액을 초과하여서는 아니 되며, 가격합계액 및 후원수당 등의 구체적인 산정 방법은 다음과 같다.

[참고] 후원수당 등의 구체적인 산정 방법

1. 가격합계액은 출고 또는 제공 시점을 기준으로 할 것
2. 후원수당 지급액은 그 후원수당의 지급 사유가 발생한 시점을 기준으로 할 것
3. 가격합계액 및 후원수당은 1년을 단위로 산정할 것. 다만, 다단계판매 영업기간이 1년 미만인 경우에는 다단계판매업자의 실제 영업기간을 기준으로 한다.
4. 가격합계액을 산정할 때 위탁의 방법으로 재화 등을 공급하는 경우에는 위탁을 받은 다단계판매업자가 다단계판매원에게 판매한 가격을 기준으로 하고, 중개의 방법으로 재화 등을 공급하는 경우에는 다단계판매자가 중개를 의뢰한 사업자로부터 받은 수수료를 기준으로 한다.

다단계판매업자는 다단계판매원이 요구하는 경우 후원수당의 산정·지급 명세 등의 열람을 허용하여야 한다. 다단계판매업자는 일정 수의 하위판매원을 모집하거나 후원하는 것을 조건으로 하위판매원 또는 그 하위판매원의 판매 실적에 관계없이 후원수당을 차등하여 지급하여서는 아니 된다.

마. 다단계판매업자의 후원수당 등에 대한 표시·광고의 제한

다단계판매업자는 다단계판매원이 되려는 사람 또는 다단계판매원에게 다단계판매원이 받게 될 후원수당이나 소매이익(다단계판매원이 재화 등을 판매하여 얻는 이익을 말한다)에 관하여 거짓 또는 과장된 정보를 제공하여서는 아니 된다.

다단계판매업자는 다단계판매원이 되려는 사람 또는 다단계판매원에게 전체 다단계판매원에 대한 평균 후원수당 등 후원수당의 지급 현황에 관한 정보를 총리령으로 정하는 기준에 따라 고지하여야 한다.

다단계판매업자는 다단계조직의 운영 방식 또는 활동 내용에 관하여 거짓 또는 과장된 사실을 유포하여서는 아니 된다.

바. 다단계판매원의 등록 및 탈퇴

다단계판매업자는 다단계판매원이 되려는 사람 또는 다단계판매원에게 등록, 자격 유지 또는 유리한 후원수당 지급기준의 적용을 조건으로 과다한 재화 등의 구입 등 대통령령으로 정하는 수준을 초과한 부담을 지게 하여서는 아니 된다.

다단계판매자는 다단계판매원에게 일정 수의 하위판매원을 모집하도록 의무를 지게 하거나 특정인을 그의 동의 없이 자신의 하위판매원으로 등록하여서는 아니 된다.

다단계판매업자는 다단계판매원이 방문판매법 제15조 제2항의 어느 하나에 해당하는 경우에는 그 다단계판매원을 탈퇴시켜야 한다.

[참고] 다단계판매원으로 등록결격자

1. 국가공무원, 지방공무원, 교육공무원 및 「사립학교법」에 따른 교원
2. 미성년자. 다만, 제4호 또는 제5호에 해당하지 아니하는 법정대리인의 동의를 받은 경우는 제외한다.
3. 법인
4. 다단계판매업자의 지배주주 또는 임직원
5. 제49조에 따른 시정조치를 2회 이상 받은 자. 다만, 마지막 시정조치에 대한 이행을 완료한 날부터 3년이 지난 자는 제외한다.
6. 이 법을 위반하여 징역의 실형을 선고받고 그 집행이 종료되거나(집행이 종료된 것으로 보는 경우를 포함한다) 집행이 면제된 날부터 5년이 지나지 아니한 자
7. 이 법을 위반하여 형의 집행유예를 선고받고 그 유예기간 중에 있는 자

단계판매원은 언제든지 다단계판매업자에게 탈퇴 의사를 표시하고 탈퇴할 수 있으며, 다단계판매업자는 다단계판매원의 탈퇴에 조건을 붙여서는 아니 된다.

단계판매업자는 탈퇴한 다단계판매원의 판매행위 등으로 소비자피해가 발생하지 아니하도록 다단계판매원 수첩을 회수하는 등 필요한 조치를 하여야 한다.

사. 다단계판매자의 금지행위

다단계판매자는 다음의 어느 하나에 해당하는 행위를 하여서는 아니 된다.

[참고] 다단계판매자의 금지행위

1. 재화 등의 판매에 관한 계약의 체결을 강요하거나 청약철회 등 또는 계약 해지를 방해할 목적으로 상대방을 위협하는 행위

2. 거짓 또는 과장된 사실을 알리거나 기만적 방법을 사용하여 상대방과의 거래를 유도하거나 청약철회 등 또는 계약 해지를 방해하는 행위 또는 재화 등의 가격·품질 등에 대하여 거짓 사실을 알리거나 실제보다도 현저히 우량하거나 유리한 것으로 오인시킬 수 있는 행위

3. 청약철회 등이나 계약 해지를 방해할 목적으로 주소·전화번호 등을 변경하는 행위

4. 분쟁이나 불만 처리에 필요한 인력 또는 설비가 부족한 상태를 상당 기간 방치하여 상대방에게 피해를 주는 행위

5. 상대방의 청약이 없는데도 일방적으로 재화 등을 공급하고 재화 등의 대금을 청구하는 등 상대방에게 재화 등을 강제로 판매하거나 하위판매원에게 재화 등을 판매하는 행위

6. 소비자가 재화를 구매하거나 용역을 제공받을 의사가 없음을 밝혔는데도 전화, 팩스, 컴퓨터통신 등을 통하여 재화를 구매하거나 용역을 제공받도록 강요하는 행위

7. 다단계판매업자에게 고용되지 아니한 다단계판매원을 다단계판매업자에게 고용된 사람으로 오인하게 하거나 다단계판매원으로 등록하지 아니한 사람을 다단계판매원으로 활동하게 하는 행위

8. 제37조에 따른 소비자피해보상보험계약 등을 체결하지 아니하고 영업하는 행위

9. 상대방에게 판매하는 개별 재화 등의 가격을 대통령령으로 정하는 금액을 초과하도록 정하여 판매하는 행위

10. 본인의 허락을 받지 아니하거나 허락받은 범위를 넘어 소비자에 관한 정보를 이용하는 행위. 다만, 다음 각 목의 어느 하나에 해당하는 경우는 제외

> 한다.
>
> 가. 재화 등의 배송 등 소비자와의 계약을 이행하기 위하여 불가피한 경우
>   로서 대통령령으로 정하는 경우
> 나. 재화 등의 거래에 따른 대금을 정산하기 위하여 필요한 경우
> 다. 도용을 방지하기 위하여 본인임을 확인할 때 필요한 경우로서 대통령령
>   으로 정하는 경우
> 라. 법률의 규정 또는 법률에 따라 필요한 불가피한 사유가 있는 경우
> 11. 다단계판매조직 및 다단계판매원의 지위를 양도·양수하는 행위. 다만, 다
>   단계판매원의 지위를 상속하는 경우 또는 사업의 양도·양수·합병의 경우
>   에는 그러하지 아니하다.

다단계판매업자는 다단계판매원으로 하여금 금지행위를 하도록 교사(敎唆)하거나 방조(幇助)하여서는 아니 된다. 공정거래위원회는 이 법 위반행위의 방지 및 소비자피해의 예방을 위하여 다단계판매자가 지켜야 할 기준을 정하여 고시할 수 있다.

아. 사행적 판매원 확장행위 등의 금지

누구든지 다단계판매조직 또는 이와 비슷하게 단계적으로 가입한 자로 구성된 조직을 이용하여 다음의 어느 하나에 해당하는 행위를 하여서는 아니 된다. 또한 다단계판매업자는 다단계판매원으로 하여금 금지행위를 하도록 교사하거나 방조하여서는 아니 된다.

> **[참고] 사행적 판매원 확장행위 등의 금지(1)**
>
> 1. 재화 등의 거래 없이 금전거래를 하거나 재화 등의 거래를 가장하여 사실상
>   금전거래만을 하는 행위로서 다음 각 목의 어느 하나에 해당하는 행위
>   가. 판매원에게 재화 등을 그 취득가격이나 시장가격보다 10배 이상과 같이
>   현저히 높은 가격으로 판매하면서 후원수당을 지급하는 행위
>   나. 판매원과 재화 등의 판매계약을 체결한 후 그에 상당하는 재화 등을 정
>   당한 사유 없이 공급하지 아니하면서 후원수당을 지급하는 행위
>   다. 그 밖에 판매업자의 재화 등의 공급능력, 소비자에 대한 재화 등의 공급

실적, 판매업자와 소비자 사이의 재화 등의 공급계약이나 판매계약, 후원
수당의 지급조건 등에 비추어 그 거래의 실질이 사실상 금전거래인 행위

2. 판매원 또는 판매원이 되려는 자에게 하위판매원 모집 자체에 대하여 경제
적 이익을 지급하거나 정당한 사유 없이 후원수당 외의 경제적 이익을 지급
하는 행위

3. 제20조 제3항(제29조 제3항에 따라 준용되는 경우를 포함한다)에 위반되는
후원수당의 지급을 약속하여 판매원을 모집하거나 가입을 권유하는 행위

4. 판매원 또는 판매원이 되려는 자에게 가입비, 판매 보조 물품, 개인 할당 판
매액, 교육비 등 그 명칭이나 형태와 상관없이 10만 원 이하로서 대통령령
으로 정하는 수준을 초과한 비용 또는 그 밖의 금품을 징수하는 등 의무를
부과하는 행위

[참고] 사행적 판매원 확장행위 등의 금지(2)

1. 판매원에 대하여 상품권[그 명칭이나 형태와 상관없이 발행자가 일정한 금
액이나 재화 등의 수량이 기재된 무기명증표를 발행하고 그 소지자가 발행
자 또는 발행자가 지정하는 자(이하 이 조에서 "발행자등"이라 한다)에게
이를 제시 또는 교부하거나 그 밖의 방법으로 사용함으로써 그 증표에 기재
된 내용에 따라 발행자등으로부터 재화 등을 제공받을 수 있는 유가증권을
말한다. 이하 이 조에서 같다]을 판매하는 행위로서 다음 각 목의 어느 하
나에 해당하는 행위

  가. 판매업자가 소비자에게 판매한 상품권을 다시 매입하거나 다른 자로 하
  여금 매입하도록 하는 행위

  나. 발행자등의 재화 등의 공급능력, 소비자에 대한 재화 등의 공급실적, 상
  품권의 발행규모 등에 비추어 그 실질이 재화 등의 거래를 위한 것으로
  볼 수 없는 수준의 후원수당을 지급하는 행위

6. 사회적인 관계 등을 이용하여 다른 사람에게 판매원으로 등록하도록 강요하
거나 재화 등을 구매하도록 강요하는 행위

7. 판매원 또는 판매원이 되려는 사람에게 본인의 의사에 반하여 교육·합숙
등을 강요하는 행위

8. 판매원을 모집하기 위한 것이라는 목적을 명확하게 밝히지 아니하고 취업·

> 부업 알선, 설명회, 교육회 등을 거짓 명목으로 내세워 유인하는 행위

자. 다단계판매업자의 고지의무와 손해배상책임

다단계판매업자는 다단계판매원이 자신의 하위판매원을 모집하거나 다단계판매업자의 재화 등을 소비자에게 판매할 때 제23조 또는 제24조를 위반하지 아니하도록 다단계판매원에게 해당 규정의 내용을 서면이나 전자우편으로 고지하여야 한다.

다단계판매업자가 이러한 고지의무를 게을리 한 경우에 다단계판매원이 제23조 또는 제24조를 위반하여 다른 다단계판매원 또는 소비자에게 입힌 재산상 손해는 대통령령으로 정하는 바에 따라 다단계판매업자가 배상 책임을 진다. 이 경우 다단계판매업자는 다단계판매원에게 구상권을 행사할 수 있다.

4. 계속거래 및 사업권유거래

가. 계속거래업자 등의 정보제공의무

계속거래 또는 사업권유거래(이하 "계속거래 등"이라 한다)를 업으로 하는 자(이하 "계속거래업자 등"이라 한다)는 대통령령으로 정하는 금액 및 기간 이상을 거래조건으로 하는 계속거래 등에 관한 계약을 체결하는 경우에는 계약을 체결하기 전에 소비자(사업권유거래에서 재화 등을 구매하는 자를 포함한다)가 계약 내용을 이해할 수 있도록 다음 각 호의 사항을 설명하여야 한다.

[참고] 계속거래 또는 사업권유거래의 소비자에게 계약내용의 설명사항

1. 계속거래업자 등의 성명(법인인 경우에는 대표자의 성명을 말한다), 상호, 주소, 전화번호 및 전자우편주소
2. 계속거래를 통하여 판매하는 재화 등(계속거래와 관련하여 따로 구입할 필요가 있는 다른 재화 등이 있는 경우에는 그 재화 등을 포함한다)이나 사업권유거래를 통하여 판매하는 재화 등의 명칭, 종류 및 내용
3. 재화 등의 대금(가입비, 설치비 등 명칭에 상관없이 재화 등의 거래와 관련하여 지급하는 모든 금액을 포함한다)과 그 지급 시기 및 방법

---

4. 재화 등의 거래방법과 거래 기간 및 시기

5. 사업권유거래의 경우에는 제공되는 사업에 관한 거래조건으로 대통령령으로 정하는 사항

6. 제31조에 따른 계약 해지와 그 행사방법·효과에 관한 사항 및 해지권의 행사에 필요한 서식

7. 소비자피해 보상, 재화 등에 대한 불만 및 소비자와 사업자 사이의 분쟁 처리에 관한 사항

8. 거래에 관한 약관

9. 그 밖에 거래 여부 판단에 영향을 주는 거래조건 또는 소비자피해 구제에 필요한 사항으로서 대통령령으로 정하는 사항

계속거래업자 등은 재화 등의 판매에 관한 계약을 체결할 때에는 설명사항을 적은 계약서를 소비자에게 발급하여야 한다.

계속거래를 업으로 하는 자는 소비자에게 용역을 공급하는 계약으로서 소비자의 별도 의사표시가 없는 한 자동으로 갱신되는 계약을 체결한 경우에는 그 계약 종료일의 50일 전부터 20일 전까지의 기간에 소비자에게 종료일이 다가오고 있음을 서면이나 전자우편으로 통지하여야 한다. 다만, 거래기간이 2개월 이내의 계약인 경우나 소비자가 재계약 체결 또는 계약 갱신의 의사를 표시한 경우에는 그 통지를 생략할 수 있다.

계속거래업자 등이 미성년자와 계속거래 등의 계약을 체결하는 경우에는 법정대리인의 동의를 받아야 한다. 이 경우 법정대리인의 동의를 받지 못하면 미성년자 본인 또는 법정대리인이 계약을 취소할 수 있음을 알려야 한다.

계속거래업자 등은 소비자에게 설명하거나 표시한 거래조건을 신의에 좇아 성실하게 이행하여야 한다.

나. 계속거래 등에 있어서 소비자의 계약해지권

(1) 계약의 해지권

계속거래업자등과 계속거래 등의 계약을 체결한 소비자는 계약기간 중 언제든지 계약을 해지할 수 있다. 다만, 다른 법률에 별도의 규정이 있거나 거래의

안전 등을 위하여 소비자(사업권유거래의 상대방을 포함한다. 이하 같다)의 주문에 의하여 개별적으로 생산되는 재화 등에 대한 것으로서 계약 해지를 인정하면 계속거래업자 또는 사업권유거래업자(이하 "계속거래업자 등"이라 한다)에게 회복할 수 없는 중대한 피해가 예상되는 경우로서 사전에 해당 거래에 대하여 별도로 그 사실을 고지하고 소비자의 서면(전자문서를 포함한다) 동의를 받은 경우에는 계약을 해지하지 못한다.

(2) 계약 해지 또는 해제의 효과와 위약금 등

계속거래업자 등은 자신의 책임이 없는 사유로 계속거래 등의 계약이 해지 또는 해제된 경우 소비자에게 해지 또는 해제로 발생하는 손실을 현저하게 초과하는 위약금을 청구하여서는 아니 되고, 가입비나 그 밖에 명칭에 상관없이 실제 공급된 재화 등의 대가를 초과하여 수령한 대금의 환급을 부당하게 거부하여서는 아니 된다.

계속거래등의 계약이 해지 또는 해제된 경우 소비자는 반환할 수 있는 재화 등을 계속거래업자 등에게 반환할 수 있으며, 계속거래업자 등은 대통령령으로 정하는 바에 따라 대금 환급 또는 위약금 경감 등의 조치를 하여야 한다.

계속거래업자 등은 자신의 책임이 없는 사유로 계약이 해지 또는 해제된 경우 소비자로부터 받은 재화 등의 대금(재화 등이 반환된 경우 환급하여야 할 금액을 포함한다)이 이미 공급한 재화 등의 대금에 위약금을 더한 금액보다 많으면 그 차액을 소비자에게 환급하여야 한다. 이 경우 환급이 지연되는 경우에는 총리령으로 정하는 지연기간에 대한 지연배상금을 함께 환급하여야 한다.

공정거래위원회는 위약금 청구와 대금 환급 또는 위약금 경감과 관련된 분쟁을 방지하기 위하여 필요한 경우 위약금 및 대금의 환급에 관한 산정기준을 정하여 고시할 수 있다.

(3) 계속거래업자 등의 소비자 거래기록 등의 열람제공의무

계속거래업자 등은 재화 등의 거래기록 등을 언제든지 소비자가 열람할 수 있게 하여야 하는데, 방문·전화 또는 인터넷 등을 통하여 즉시 열람할 수 있도록 필요한 조치를 하여야 하고, 소비자가 우편 등의 방법으로 열람요청을 하는 경우 3영업일 이내에 관련 자료를 발송하여야 한다.

(4) 계속거래업자 등의 금지행위 등

계속거래업자 등은 다음의 어느 하나에 해당하는 행위를 하여서는 아니 된다.

[참고] 계속거래업자 등의 금지행위

1. 계속거래 등의 계약을 체결하게 하거나 계약의 해지 또는 해제를 방해하기 위하여 소비자를 위협하는 행위
2. 거짓 또는 과장된 사실을 알리거나 기만적 방법을 사용하여 소비자를 유인 또는 거래하거나 계약의 해지 또는 해제를 방해하는 행위
3. 계속거래 등에 필요한 재화 등을 통상적인 거래가격보다 현저히 비싼 가격으로 구입하게 하는 행위
4. 소비자가 계속거래 등의 계약을 해지 또는 해제하였는데도 정당한 사유 없이 이에 따른 조치를 지연하거나 거부하는 행위
5. 계약의 해지 또는 해제를 방해할 목적으로 주소·전화번호 등을 변경하는 행위
6. 분쟁이나 불만 처리에 필요한 인력 또는 설비가 부족한 상태를 상당 기간 방치하여 소비자에게 피해를 주는 행위
7. 소비자의 청약이 없는데도 일방적으로 재화 등을 공급하고 재화 등의 대금을 청구하는 행위
8. 소비자가 재화를 구매하거나 용역을 제공받을 의사가 없음을 밝혔는데도 전화, 팩스, 전자우편 등을 통하여 재화를 구매하거나 용역을 제공받도록 강요하는 행위

공정거래위원회는 이 법 위반행위의 방지 및 소비자피해의 예방을 위하여 계속거래업자 등이 지켜야 할 기준을 정하여 고시할 수 있다.

제4절 | 전자상거래 등에서의 소비자보호에 관한 법률

1. 법의 목적과 적용범위

가. 법의 목적

전자상거래 등에서의 소비자보호에 관한 법률(이하 '전자상거래법'이라 한다)은 전자상거래 및 통신판매 등에 의한 재화 또는 용역의 공정한 거래에 관한 사항을 규정함으로써 소비자의 권익을 보호하고 시장의 신뢰도를 높여 국민경제의 건전한 발전에 이바지함을 목적으로 한다.

나. 법의 적용범위

(1) 전자상거래

"전자상거래"란 전자거래의 방법으로 상행위(商行爲)를 하는 것을 말한다. 여기서 "전자거래"라 함은 「전자문서 및 전자거래 기본법」 제2조 제5호의 규정에 따라 전자거래란 재화나 용역을 거래할 때 그 전부 또는 일부가 전자문서에 의하여 처리되는 거래를 말한다. 따라서 전자상거래는 「전자문서 및 전자거래 기본법」에 의한 전자거래를 바탕으로 이루어지는 상행위를 말한다.

「전자문서 및 전자거래 기본법」에 의한 주요 용어를 정리하면 다음과 같다.

제2조(정의) 이 법에서 사용하는 용어의 뜻은 다음과 같다. 〈개정 2020. 6. 9.〉

1. "전자문서"란 정보처리시스템에 의하여 전자적 형태로 작성·변환되거나 송신·수신 또는 저장된 정보를 말한다.
2. "정보처리시스템"이란 전자문서의 작성·변환, 송신·수신 또는 저장을 위하여 이용되는 정보처리능력을 가진 전자적 장치 또는 체계를 말한다.
3. "작성자"란 전자문서를 작성하여 송신하는 자를 말한다.
4. "수신자"란 작성자가 전자문서를 송신하는 상대방을 말한다.
5. "전자거래"란 재화나 용역을 거래할 때 그 전부 또는 일부가 전자문서 등 전자적 방식으로 처리되는 거래를 말한다.
6. "전자거래사업자"란 전자거래를 업(業)으로 하는 자를 말한다.

7. "전자거래이용자"란 전자거래를 이용하는 자로서 전자거래사업자 외의 자를 말한다.

8. "공인전자주소"란 전자문서를 송신하거나 수신하는 자를 식별하기 위하여 문자·숫자 등으로 구성되는 정보로서 제18조의4에 따라 등록된 주소를 말한다.

9. "공인전자문서센터"란 타인을 위하여 다음 각 목의 업무(이하 "전자문서보관등"이라 한다)를 하는 자로서 제31조의2 제1항에 따라 지정받은 자를 말한다.
   가. 전자문서의 보관 또는 증명
   나. 그 밖에 전자문서 관련 업무

10. "공인전자문서중계자"란 타인을 위하여 전자문서의 송신·수신 또는 중계(이하 "전자문서유통"이라 한다)를 하는 자로서 제31조의18에 따른 인증을 받은 자를 말한다.

(2) 통신판매

"통신판매"는 우편·전기통신, 그 밖에 ① 광고물·광고시설물·전단지·방송·신문 및 잡지 등을 이용하는 방법과 ② 판매자와 직접 대면하지 아니하고 우편환·우편대체·지로 및 계좌이체 등을 이용하는 방법(전자상거래법 시행규칙 제2조)으로 재화 또는 용역(일정한 시설을 이용하거나 용역을 제공받을 수 있는 권리를 포함)의 판매에 관한 정보를 제공하고 소비자의 청약을 받아 재화 또는 용역(이하 "재화 등"이라 한다)을 판매하는 것을 말한다. 다만, 「방문판매 등에 관한 법률」 제2조 제3호에 따른 전화권유판매는 통신판매의 범위에서 제외한다.

(3) 통신판매업자

"통신판매업자"란 통신판매를 업(業)으로 하는 자 또는 그와의 약정에 따라 통신판매업무를 수행하는 자를 말한다.

(4) 통신판매중개

"통신판매중개"란 사이버몰(컴퓨터 등과 정보통신설비를 이용하여 재화 등을 거래할 수 있도록 설정된 가상의 영업장을 말한다)의 이용을 허락하거나 그 밖에 "자신의 명의로 통신판매를 위한 광고수단을 제공하거나 그 광고수단에 자신의 이름을 표시하여 통신판매에 관한 정보의 제공이나 청약의 접수 등 통신판매의 일부를 수행하는 것"(전자상거래법 시행규칙 제3조)으로 거래 당사자 간의 통신판매를 알선하는 행위를 말한다.

(5) 소비자

"소비자"란 다음의 어느 하나에 해당하는 자를 말한다.

첫째, 사업자가 제공하는 재화 등을 소비생활을 위하여 사용(이용을 포함한다)하는 자를 말한다.

둘째, 첫째의 "사업자가 제공하는 재화 등을 소비생활을 위하여 사용(이용을 포함)하는 자" 외의 자로서 사실상 첫째의 자와 같은 지위 및 거래조건으로 거래하는 자 등 대통령령으로 정하는 자를 말한다.

대통령령으로 정하고 있는 것은 다음과 같다. 사업자가 제공하는 재화 또는 용역을 소비생활 외의 목적에 사용하거나 이용하는 자로서 다음의 어느 하나에 해당하는 자를 말한다.

첫째, 재화 등을 최종적으로 사용하거나 이용하는 자. 다만, 재화 등을 원재료(중간재를 포함한다) 및 자본재로 사용하는 자는 제외한다.

둘째, 전자상거래법 제3조 제1항 단서에 해당하는 사업자로서 재화 등을 구매하는 자(해당 재화 등을 판매한 자에 대한 관계로 한정한다),

셋째, 재화 등을 농업(축산업을 포함한다) 또는 어업 활동을 위하여 구입한 자. 다만, 「원양산업발전법」 제6조 제1항에 따라 해양수산부장관의 허가를 받은 원양어업자는 제외한다.

(6) 사업자

"사업자"란 물품을 제조(가공 또는 포장을 포함한다. 이하 같다)·수입·판매하거나 용역을 제공하는 자를 말한다.

(7) 적용 제외

이 법의 규정은 사업자(「방문판매 등에 관한 법률」 제2조 제6호의 다단계판매원은 제외한다. 이하에서 같다)가 상행위를 목적으로 구입하는 거래에는 적용하지 아니한다. 다만, 사업자라 하더라도 사실상 소비자와 같은 지위에서 다른 소비자와 같은 거래조건으로 거래하는 경우에는 그러하지 아니하다.

전자상거래법 제13조 제2항에 따른 계약내용에 관한 서면(전자문서를 포함한다. 이하 같다)의 교부의무에 관한 규정은 다음의 거래에는 적용하지 아니한다. 다만, 첫째의 경우에는 총리령으로 정하는 바에 따라 계약내용에 관한 서면의 내용이나 교부의 방법을 다르게 할 수 있다.

첫째, 소비자가 이미 잘 알고 있는 약관 또는 정형화된 거래방법에 따라 수시로 거래하는 경우로서 총리령으로 정하는 거래이다.

둘째, 다른 법률(「민법」 및 「방문판매 등에 관한 법률」은 제외한다)에 이 법의 규정과 다른 방법으로 하는 계약서 교부의무 등이 규정되어 있는 거래이다.

통신판매업자가 아닌 자 사이의 통신판매중개를 하는 통신판매업자에 대하여는 전자상거래법 제13조부터 제15조까지, 제17조부터 제19조까지의 규정을 적용하지 아니한다.

「자본시장과 금융투자업에 관한 법률」의 투자매매업자·투자중개업자가 하는 증권거래, 대통령령으로 정하는 금융회사 등이 하는 금융상품거래 및 일상생활용품, 음식료 등을 인접지역에 판매하기 위한 거래에 대하여는 전자상거래법 제12조부터 제15조까지, 제17조부터 제20조까지 및 제20조의2를 적용하지 아니한다.

(8) 다른 법률과의 관계

전자상거래 또는 통신판매에서의 소비자보호에 관하여 이 법과 다른 법률이 경합하는 경우에는 이 법을 우선 적용한다. 다만, 다른 법률을 적용하는 것이 소비자에게 유리한 경우에는 그 법을 적용한다.

2. 전자상거래

가. 전자문서의 활용

(1) 전자문서의 송신과 수신의 인정

전자거래는 전자문서에 의하여 청약의 의사표시와 승낙의 의사표시가 송신·수신으로 이루어져야 한다. 전자문서(전자화문서를 포함)는 수신자 또는 그 대리인이 해당 전자문서를 수신할 수 있는 정보처리시스템에 입력한 때에 송신된 것으로 본다. 또한 전자문서는 다음의 어느 하나에 해당하는 때에 수신된 것으로 본다.

첫째, 수신자가 전자문서를 수신할 정보처리시스템을 지정한 경우에는 지정된 정보처리시스템에 입력된 때이다. 다만, 전자문서가 지정된 정보처리시스템이 아닌 정보처리시스템에 입력된 경우에는 수신자가 이를 출력한 때를 말한다(「전자문서 및 전자거래 기본법」 제6조 제2항 제1호).

둘째, 수신자가 전자문서를 수신할 정보처리시스템을 지정하지 아니한 경우에는 수신자가 관리하는 정보처리시스템에 입력된 때를 말한다(「전자문서 및 전자거래 기본법」 제6조 제2항 제2호).

다만, 이러한 원칙에는 예외가 있다. 「전자문서 및 전자거래 기본법」 제6조 제2항 제2호(수신자가 전자문서를 수신할 정보처리시스템을 지정하지 아니한 경우에는 수신자가 관리하는 정보처리시스템에 입력된 때)에도 불구하고 사업자가 소비자와 미리 전자문서로 거래할 것을 약정하여 지정한 주소(「전자문서 및 전자거래 기본법」 제2조 제2호의 정보처리시스템을 말한다)로 전자문서(「전자문서 및 전자거래 기본법」 제2조 제1호에 따른 전자문서를 말한다. 이하 같다)를 송신하지 아니한 경우에는 그 사업자는 해당 전자문서에 의한 권리를 주장할 수 없다. 다만, 긴급한 경우, 소비자도 이미 전자문서로 거래할 것을 예정하고 있는 경우, 소비자가 전자문서를 출력한 경우 등 일정한 경우에는 약정하지 아니한 주소로 송신된 전자문서의 효력이 인정된다. 예를 들면, ① 소비자와 특정한 전자우편주소로 2회 이상 거래한 경우에 그 전자우편주소로 전자문서를 송신한 경우, ② 소비자가 전자문서를 출력한 경우, ③ 소비자의 이익에 반하지 아니하고 그 소비자도 해당 전자문서의 효력을 부인하지 아니하는 경우, ④ 긴급하게 연락할 필요성이 있고 전자우편

외에 다른 수단을 활용할 수 없는 경우이다.

(2) 사업자의 전자서면 문서의 효력에 대한 고지절차

사업자는 전자서명(「전자서명법」 제2조 제2호에 따른 전자서명을 말한다)을 한 전자문서를 사용하려면 그 전자문서의 효력, 수령 절차 및 방법 등을 소비자에게 고지하여야 한다. 사업자는 ① 전자서명을 한 전자문서의 효력, ② 전자서명을 한 전자문서의 출력방법에 관한 사항을 전자서명한 전자문서가 포함된 전자우편의 본문에 표시하거나 미리 소비자에게 고지하여야 한다.

「전자서명법」은 전자문서의 안전성과 신뢰성을 확보하고 그 이용을 활성화하기 위하여 전자서명에 관한 기본적인 사항을 정함으로써 국가와 사회의 정보화를 촉진하고 국민생활의 편익을 증진함을 목적으로 한다.

「전자서명법」에서 규정하고 있는 용어의 정의와 전자서명의 효력은 다음과 같다.

제2조(정의) 이 법에서 사용하는 용어의 뜻은 다음과 같다.
1. "전자문서"란 정보처리시스템에 의하여 전자적 형태로 작성되어 송신 또는 수신되거나 저장된 정보를 말한다.
2. "전자서명"이란 다음 각 목의 사항을 나타내는 데 이용하기 위하여 전자문서에 첨부되거나 논리적으로 결합된 전자적 형태의 정보를 말한다.
  가. 서명자의 신원
  나. 서명자가 해당 전자문서에 서명하였다는 사실
제3조(전자서명의 효력) ① 전자서명은 전자적 형태라는 이유만으로 서명, 서명날인 또는 기명날인으로서의 효력이 부인되지 아니한다.
② 법령의 규정 또는 당사자 간의 약정에 따라 서명, 서명날인 또는 기명날인의 방식으로 전자서명을 선택한 경우 그 전자서명은 서명, 서명날인 또는 기명날인으로서의 효력을 가진다.

---

(3) 사업자의 소비자에 대한 정보제공 등의 의무

사업자는 전자문서를 사용할 때 소비자에게 특정한 전자서명 방법을 이용하도록 강요(특수한 표준 등을 이용함으로써 사실상 특정한 전자서명 방법의 이용이 강제되는 경우를 포함한다)하여서는 아니 되고, 소비자가 선택한 전자서명 방법의 사용을 부당하게 제한하여서는 아니 된다. 나아가 사업자는 소비자에게 일정한 정보 제공의 의무 등을 지고 있다.

첫째, 전자상거래를 하는 사업자는 소비자의 회원 가입, 계약의 청약, 소비자 관련 정보의 제공 등을 전자문서를 통하여 할 수 있도록 하는 경우에는 회원 탈퇴, 청약의 철회, 계약의 해지·해제·변경, 정보의 제공 및 이용에 관한 동의의 철회 등도 전자문서를 통하여 할 수 있도록 하여야 한다.

둘째, 전자상거래를 하는 사업자는 소비자가 재화 등의 거래와 관련한 확인·증명을 전자문서로 제공하여 줄 것을 요청한 경우 이에 따라야 한다.

이러한 두 가지 사업자의 의무는 일정한 경우에는 면제되는데, 전자상거래를 하는 사업자가 전자문서로 제공하기 어려운 기술적 이유나 보안상 이유가 명백하여 이를 소비자에게 미리 고지한 경우에는 이러한 의무가 적용하지 아니한다. 또한 전자상거래를 하는 사업자가 이러한 의무를 이행할 때 해당 사이버몰의 구축 및 운영과 관련된 사업자들은 그 의무 이행에 필요한 조치를 하는 등 협력하여야 한다.

나. 사업자의 의무

(1) 사업자의 거래기록의 보존 등의 의무

사업자는 전자상거래 및 통신판매에서의 표시·광고, 계약내용 및 그 이행 등 거래에 관한 기록을 상당한 기간 보존하여야 한다. 이 경우 소비자가 쉽게 거래기록을 열람·보존할 수 있는 방법을 제공하여야 한다. 사업자가 보존하여야 할 거래기록 및 그와 관련된 개인정보(성명·주소·전자우편주소 등 거래의 주체를 식별할 수 있는 정보로 한정한다)는 소비자가 개인정보의 이용에 관한 동의를 철회하는 경우에도 「정보통신망 이용촉진 및 정보보호 등에 관한 법률」 등 대통령령으로 정하는 개인정보보호와 관련된 법률의 규정에도 불구하고 이를 보존할 수 있다.

> **[참고] 개인정보 보호와 관련된 법률의 예외적 적용(전자상거래 등에서의 소비자보호에 관한 법률 시행령 제5조의2)**
>
> 전자상거래법 제6조 제2항에서 "「정보통신망 이용촉진 및 정보보호 등에 관한

법률」 등 대통령령으로 정하는 개인정보보호와 관련된 법률의 규정"이란 다음
각 호의 규정을 말한다.

1. 「정보통신망 이용촉진 및 정보보호 등에 관한 법률」 제30조 제3항
2. 「개인정보 보호법」 제21조 제1항 본문, 제36조 제2항 및 제37조 제4항
3. 「신용정보의 이용 및 보호에 관한 법률」 제37조 제1항 본문

(2) 사업자의 소비자 조작 실수 등의 방지조치의무

사업자는 전자상거래에서 소비자의 조작 실수 등으로 인한 의사표시의 착오
등으로 발생하는 피해를 예방할 수 있도록 거래 대금이 부과되는 시점이나 청약
전에 그 내용을 확인하거나 바로잡는 데에 필요한 절차를 마련하여야 한다.

(3) 사업자의 전자적 대금지급의 신뢰 확보의무

사업자가 전자문서의 형태로 이루어지는 대금결제와 같이 전자적 수단에 의
한 거래대금의 지급(이하 "전자적 대금지급"이라 한다)방법을 이용하는 경우, 사업
자와 전자결제수단 발행자, 전자결제서비스 제공자 등 전자적 대금지급 관련자
(이하 "전자결제업자 등"이라 한다)는 관련 정보의 보안 유지에 필요한 조치를 하여
야 한다(전자상거래법 제8조 제1항).

사업자와 전자결제업자 등은 전자적 대금지급이 이루어지는 경우 소비자의
청약의사가 진정한 의사 표시에 의한 것인지를 확인하기 위하여 ① 재화 등의
내용 및 종류, ② 재화 등의 가격, ③ 용역의 제공기간에 대하여 명확히 고지하
여야 한다.

또한 고지한 사항에 대한 소비자의 확인절차로 사업자와 전자결제업자 등은
소비자가 확인하고 동의 여부를 선택할 수 있도록 전자결제업자 등이 마련한 전
자적 대금 결제창을 소비자에게 제공하여야 한다. 이 경우 사업자와 전자결제업
자 등은 소비자가 직접 동의 여부를 선택하기 전에 미리 동의한다는 표시를 하
여 제공하는 방식으로 확인절차를 진행해서는 아니 된다.

사업자와 전자결제업자 등은 전자적 대금지급이 이루어진 경우에는 전자문
서의 송신 등의 방법으로 소비자에게 그 사실을 알리고, 언제든지 소비자가 전
자적 대금지급과 관련한 자료를 열람할 수 있게 하여야 한다. 전자문서의 송신

등의 방법으로는 전화·팩스·휴대전화 등을 이용하여 소비자에게 신속하게 전자적 대금지급 사실을 알리고, 매월 정해진 날짜에 이용요금을 고지할 때 재화 등을 공급한 사업자별로 거래내용과 이용요금, 연락처(전화번호·전자우편주소 등)를 표시하는 것을 말한다. 다만, 소비자의 동의를 받은 경우에는 통지 또는 표시를 생략할 수 있다.

사이버몰에서 사용되는 전자적 대금지급 방법으로서 재화 등을 구입·이용하기 위하여 미리 대가를 지불하는 방식의 결제수단의 발행자는 그 결제수단의 신뢰도 확인과 관련된 사항, 사용상의 제한이나 그 밖의 주의 사항 등을 표시하거나 고지하여야 한다.

사업자와 소비자 사이에 전자적 대금지급과 관련하여 다툼이 있는 경우 전자결제업자 등은 대금지급 관련 정보의 열람을 허용하는 등 그 분쟁의 해결에 협조하여야 한다. 즉, 전자결제업자 등은 분쟁해결을 위하여 사업자나 소비자가 분쟁발생 사실을 소명하여 요청하는 경우, 분쟁해결에 필요한 범위에서 다음의 사항에 대하여 지체 없이 협조하여야 한다. 첫째, 분쟁의 원인이 된 대금지급과 관련된 정보(고객인증 관련 정보를 포함한다)의 열람·복사 허용과 둘째, 분쟁의 원인이 된 대금지급에 대한 전자결제업자 등의 보안유지 조치 관련 정보의 열람·복사 허용이다. 다만, 공개할 경우 보안유지에 장애가 발생할 우려가 있는 정보에 대해서는 공개를 거부할 수 있다.

다. 배송사업자 등의 협력의무

전자상거래나 통신판매에 따라 재화 등을 배송하는 사업자는 배송 사고나 배송 장애 등으로 분쟁이 발생하는 경우, 소비자가 분쟁의 발생 사실을 소명하여 요청하는 경우 분쟁해결에 필요한 범위에서 배송 관련 기록의 열람·제공, 사고 또는 장애 관련 사실의 확인을 위한 기록 열람에 대하여 지체 없이 협조하여야 한다.

호스팅서비스(사업자가 전자상거래를 할 수 있도록 사이버몰 구축 및 서버 관리 등을 하여주는 서비스를 말한다)를 제공하는 자는 사업자와 호스팅서비스에 관한 이용계약을 체결하는 경우 사업자의 신원을 확인하기 위한 조치를 취하여야 한다.

사업자와 소비자 사이에 분쟁이 발생하는 경우 호스팅서비스를 제공하는 자는 다음의 어느 하나에 해당하는 자의 요청에 따라 사업자의 신원정보 등의 자료를 제공함으로써 그 분쟁의 해결에 협조하여야 한다.

첫째, 분쟁의 당사자인 소비자(소비자가 소송을 제기하는 경우에 한정한다),

둘째, 공정거래위원회,

셋째, 특별시장·광역시장·특별자치시장·도지사·특별자치도지사(이하 "시·도지사"라 한다) 또는 시장·군수·구청장(자치구의 구청장을 말한다),

넷째, 수사기관,

다섯째, 그 밖에 분쟁해결을 위하여 필요하다고 인정되어 대통령령으로 정한 자이다. 대통령령으로 정한 자로는 ①「소비자기본법」제33조에 따라 설립된 한국소비자원, ②「소비자기본법」제60조에 따라 설립된 소비자분쟁조정위원회, ③「전자문서 및 전자거래 기본법」제32조에 따라 설립된 전자문서·전자거래분쟁조정위원회, ④「콘텐츠산업 진흥법」제29조에 따라 설립된 콘텐츠분쟁조정위원회가 있다.

라. 전자게시판서비스 제공자의 책임

「정보통신망 이용촉진 및 정보보호 등에 관한 법률」에 따라 게시판을 운영하는 정보통신서비스 제공자(이하 "전자게시판서비스 제공자"라 한다)는 해당 게시판을 이용하여 통신판매 또는 통신판매중개가 이루어지는 경우, 이로 인한 소비자피해가 발생하지 아니하도록 다음의 사항을 이행하여야 한다.

첫째, 게시판을 이용하여 통신판매 또는 통신판매중개를 업으로 하는 자(이하 "게시판 이용 통신판매업자 등"이라 한다)가 이 법에 따른 의무를 준수하도록 안내하고 권고하여야 한다.

둘째, 게시판 이용 통신판매업자 등과 소비자 사이에 이 법과 관련하여 분쟁이 발생한 경우 소비자의 요청에 따라 전자상거래법 제33조에 따른 소비자피해 분쟁조정기구에 소비자의 피해구제신청을 대행하는 장치를 마련하고, ① 소비자가 전자상거래법 제33조 제1항에 따른 소비자피해 분쟁조정기구를 선택할 수 있도록 해당 게시판에 소비자피해 분쟁조정기구의 업무와 피해구제절차를 표시, ② 소비자가 피해구제신청의 대행을 요청하는 경우 전자게시판서비스 제공자가 피해구제신청을 대행해 준다는 사실과 그 대행 절차를 표시하는 등 법 규정에 맞게 운영하여야 한다.

셋째, 그 밖에 소비자피해를 방지하기 위하여 필요한 사항으로서 전자게시판서비스 제공자가 이행하여야 할 사항으로 약관에 규정하여야 한다.

전자게시판서비스 제공자는 게시판 이용 통신판매업자 등에 대하여 상호 및 대표자 성명, 주소·전화번호·전자우편주소를 포함한 신원정보를 확인하기 위한 조치를 취하여야 한다.

전자게시판서비스 제공자는 게시판 이용 통신판매업자 등과 소비자 사이에 분쟁이 발생하는 경우에는 다음의 세 가지 기관 ① 제33조에 따른 소비자피해 분쟁조정기구, ② 공정거래위원회, ③ 시·도지사 또는 시장·군수·구청장 중의 어느 하나에 해당하는 자의 요청에 따라 신원 확인 조치를 통하여 얻은 게시판 이용 통신판매업자 등의 신원정보를 제공하여 그 분쟁의 해결에 협조하여야 한다.

마. 사이버몰의 운영자의 책임

전자상거래를 하는 사이버몰의 운영자는 소비자가 사업자의 신원 등을 쉽게 알 수 있도록 다음의 사항을 포함하여 호스팅서비스를 제공하는 자의 상호를 표시하여야 한다.

[참고] 사이버몰 운영자의 표시사항

1. 상호 및 대표자 성명
2. 영업소가 있는 곳의 주소(소비자의 불만을 처리할 수 있는 곳의 주소를 포함한다)
3. 전화번호·전자우편주소
4. 사업자등록번호
5. 사이버몰의 이용약관
6. 그 밖에 소비자보호를 위하여 필요한 사항으로서 대통령령으로 정하는 사항

사이버몰의 운영자는 그 사이버몰에서 전자상거래법을 위반한 행위가 이루어지는 경우, 운영자가 조치하여야 할 부분이 있으면 시정에 필요한 조치에 협

력하여야 한다.

바. 사업자의 소비자에 관한 정보의 이용에 있어서 조치의무

사업자는 전자상거래 또는 통신판매를 위하여 소비자에 관한 정보를 수집하거나 이용(제3자에게 제공하는 경우를 포함한다)할 때는 「정보통신망 이용촉진 및 정보보호 등에 관한 법률」 등 관계 규정에 따라 이를 공정하게 수집하거나 이용하여야 한다.

사업자는 재화 등을 거래함에 있어서 소비자에 관한 정보가 도용되어 해당 소비자에게 재산상의 손해가 발생하였거나 발생할 우려가 있는 특별한 사유가 있는 경우에는 ① 소비자 본인이 요청하는 경우 도용 여부의 확인 및 해당 소비자에 대한 관련 거래 기록의 제공, ② 도용에 의하여 변조된 소비자에 관한 정보의 원상회복, ③ 도용에 의한 피해의 회복본인 확인이나 피해의 회복 등의 필요한 조치를 취하여야 한다.

3. 통신판매

가. 통신판매업의 신고 및 통신판매업자의 의무

(1) 통신판매업자의 신고

통신판매업자는 다음의 사항을 공정거래위원회 또는 특별자치시장·특별자치도지사·시장·군수·구청장에게 신고하여야 한다. 다만, 통신판매의 거래횟수, 거래규모 등이 공정거래위원회가 고시로 정하는 기준 이하인 경우에는 그러하지 아니하다(전자상거래법 제12조 제1항).

첫째, 상호(법인인 경우에는 대표자의 성명 및 주민등록번호를 포함한다), 주소, 전화번호,

둘째, 전자우편주소, 인터넷도메인 이름, 호스트서버의 소재지,

셋째, 그 밖에 사업자의 신원 확인을 위하여 필요한 사항으로서 사업자의 성명 및 주민등록번호(개인인 경우만 해당한다).

[판례] [1] 전자상거래 등에서의 소비자보호에 관한 법률 제12조 제1항에서 신
　　　고의무가 면제되는 '소규모 통신 판매업자'의 의미, [2] 직전 1역년(曆
　　　年)의 재화와 용역의 공급에 대한 대가가 기준에 미달하지만 관할세무
　　　서에 사업자등 록을 하지 않은 개인사업자가 '간이과세자'에 해당하는지
　　　여부

[1] '통신판매업자'는 관계법령이 정하는 바에 따라 상호, 주소 등을 공정거래
위원회나 특별시장, 광역시장 또는 도지사에게 신고하여야 하되, 다만 대통령
령이 정하는 '소규모통신판매업자'에 대하여는 위와 같은 신고의무가 면제되고
(전자상거래 등에서의 소비자보호에 관한 법률 제12조 제1항), 여기서 신고의
무가 면제되는 '소규모통신판매업자'는 부가가치세법 제25조 제1항의 규정에
의한 간이과세자인 사업자를 말한다.

[2] 직전 1역년(曆年)의 재화와 용역의 공급에 대한 대가(부가가치세가 포함된
대가를 말한다)가 4,800만 원에 미달하는 개인사업자로서, 간이과세가 적용되
지 아니하는 다른 사업장을 보유하고 있거나 또는 업종·규모·지역 등을 고려
하여 간이과세 적용을 배제하기로 부가가치세법 시행령이 정하는 사업자가 아
닌 경우에는 '간이과세자'에 해당하는 것이고(부가가치세법 제25조 제1항, 같은
법 시행령 제74조 제1항), 그 사업자의 직전 1역년의 공급대가가 위 기준에 미
달함에도 불구하고 단지 관할 세무서에 사업자등록을 하지 않았다는 이유만으
로 '간이과세자'에 해당되지 않는다고 볼 수는 없다.

〈대법원 2010. 1. 28. 선고 2009도12663 판결〉

　(2) 통신판매업자의 신원 및 거래조건에 대한 정보의 제공의무
　통신판매업자가 재화 등의 거래에 관한 청약을 받을 목적으로 표시·광고를
할 때에는 그 표시·광고에 ① 상호 및 대표자 성명, ② 주소·전화번호·전자우
편주소, ③ 전자상거래법 제12조에 따라 공정거래위원회 또는 특별자치시장·특
별자치도지사·시장·군수·구청장에게 한 신고의 신고번호와 그 신고를 받은 기
관의 이름 등 신고를 확인할 수 있는 사항을 포함하여야 한다(동법 제13조 제1
항).
　통신판매업자는 소비자가 계약체결 전에 재화 등에 대한 거래조건을 정확하
게 이해하고 실수나 착오 없이 거래할 수 있도록 다음 각 호의 사항을 적절한

방법으로 표시·광고하거나 고지하여야 하며, 계약이 체결되면 계약자에게 다음 각 호의 사항이 기재된 계약내용에 관한 서면을 재화 등을 공급할 때까지 교부하여야 한다. 다만, 계약자의 권리를 침해하지 아니하는 범위에서 대통령령으로 정하는 사유가 있는 경우에는 계약자를 갈음하여 재화 등을 공급받는 자에게 계약내용에 관한 서면을 교부할 수 있다(동법 제13조 제2항).

[참고] 통신판매업자의 표시·광고 및 고지사항(동법 제13조 제2항 제1호 내지 제11호).

1. 재화 등의 공급자 및 판매자의 상호, 대표자의 성명·주소 및 전화번호 등
2. 재화 등의 명칭·종류 및 내용
2의2. 재화 등의 정보에 관한 사항. 이 경우 제품에 표시된 기재로 계약내용에 관한 서면에의 기재를 갈음할 수 있다.
3. 재화 등의 가격(가격이 결정되어 있지 아니한 경우에는 가격을 결정하는 구체적인 방법)과 그 지급방법 및 지급시기
4. 재화 등의 공급방법 및 공급시기
5. 청약의 철회 및 계약의 해제(이하 "청약철회 등"이라 한다)의 기한·행사방법 및 효과에 관한 사항(청약철회 등의 권리를 행사하는 데에 필요한 서식을 포함한다)
6. 재화 등의 교환·반품·보증과 그 대금 환불 및 환불의 지연에 따른 배상금 지급의 조건·절차
7. 전자매체로 공급할 수 있는 재화 등의 전송·설치 등을 할 때 필요한 기술적 사항
8. 소비자피해보상의 처리, 재화 등에 대한 불만 처리 및 소비자와 사업자 사이의 분쟁 처리에 관한 사항
9. 거래에 관한 약관(그 약관의 내용을 확인할 수 있는 방법을 포함한다)
10. 소비자가 구매의 안전을 위하여 원하는 경우에는 재화 등을 공급받을 때까지 대통령령으로 정하는 제3자에게 그 재화 등의 결제대금을 예치하는 것(이하 "결제대금예치"라 한다)의 이용을 선택할 수 있다는 사항 또는 통신판매업자의 제24조 제1항에 따른 소비자피해보상보험계약 등의 체결을 선택할 수 있다는 사항(제15조 제1항에 따른 선지급식 통신판매의 경우에만

> 해당하며, 제24조 제3항에 각 호의 어느 하나에 해당하는 거래를 하는 경
> 우는 제외한다)
>
> 11. 그 밖에 소비자의 구매 여부 판단에 영향을 주는 거래조건 또는 소비자피
>   해의 구제에 필요한 사항으로서 대통령령으로 정하는 사항

통신판매업자는 미성년자와 재화 등의 거래에 관한 계약을 체결할 때에는 법정대리인이 그 계약에 동의하지 아니하면 미성년자 본인 또는 법정대리인이 그 계약을 취소할 수 있다는 내용을 미성년자에게 고지하여야 한다.

통신판매업자는 소비자에게 표시·광고하거나 고지한 거래조건을 신의를 지켜 성실하게 이행하여야 한다.

나. 통신판매업자의 청약의 확인 및 재화의 공급조치의무

(1) 통신판매업자의 청약의 확인 및 통지의무

통신판매업자는 소비자로부터 재화 등의 거래에 관한 청약을 받으면 청약 의사표시의 수신 확인 및 판매 가능 여부에 관한 정보를 소비자에게 신속하게 알려야 한다. 통신판매업자는 계약체결 전에 소비자가 청약내용을 확인하고, 정정하거나 취소할 수 있도록 적절한 절차를 갖추어야 한다.

(2) 통신판매업자의 재화 등의 공급조치 의무

통신판매업자는 소비자가 청약을 한 날부터 7일 이내에 재화 등의 공급에 필요한 조치를 하여야 하고, 소비자가 재화 등을 공급받기 전에 미리 재화 등의 대금을 전부 또는 일부 지급하는 통신판매(이하 "선지급식 통신판매"라 한다)의 경우에는 소비자가 그 대금을 전부 또는 일부 지급한 날부터 3영업일 이내에 재화 등의 공급을 위하여 필요한 조치를 하여야 한다. 다만, 소비자와 통신판매업자 간에 재화 등의 공급시기에 관하여 따로 약정한 것이 있는 경우에는 그러하지 아니하다.

통신판매업자는 청약을 받은 재화 등을 공급하기 곤란하다는 것을 알았을 때에는 지체 없이 그 사유를 소비자에게 알려야 하고, 선지급식 통신판매의 경우에는 소비자가 그 대금의 전부 또는 일부를 지급한 날부터 3영업일 이내에 환

급하거나 환급에 필요한 조치를 하여야 한다.

통신판매업자는 소비자가 재화 등의 공급 절차 및 진행 상황을 확인할 수 있도록 적절한 조치를 하여야 한다. 이 경우 공정거래위원회는 그 조치에 필요한 사항을 정하여 고시할 수 있다.

선지급식 통신판매에서 재화 등의 대금을 환급하거나 환급에 필요한 조치를 하여야 하는 경우에는 청약철회의 효과에 관한 전자상거래법 제18조 제1항부터 제5항까지의 규정을 준용한다.

다. 청약철회권

(1) 청약철회권 행사의 기간

통신판매업자와 재화 등의 구매에 관한 계약을 체결한 소비자는 다음의 기간(거래당사자가 다음의 기간보다 긴 기간으로 약정한 경우에는 그 기간을 말한다) 이내에 해당 계약에 관한 청약철회 등을 할 수 있다(동법 제17조 제1항).

첫째, 전자상거래법 제13조 제2항에 따른 계약내용에 관한 서면을 받은 날부터 7일 이내이다. 다만, 그 서면을 받은 때보다 재화 등의 공급이 늦게 이루어진 경우에는 재화 등을 공급받거나 재화 등의 공급이 시작된 날부터 7일 이내이다(동법 제17조 제1항 제1호).

둘째, 전자상거래법 제13조 제2항에 따른 계약내용에 관한 서면을 받지 아니한 경우, 통신판매업자의 주소 등이 적혀 있지 아니한 서면을 받은 경우 또는 통신판매업자의 주소 변경 등의 사유로 7일 이내의 기간에 청약철회 등을 할 수 없는 경우에는 통신판매업자의 주소를 안 날 또는 알 수 있었던 날부터 7일 이내이다(동법 제17조 제1항 제2호).

셋째, 전자상거래법 제21조 제1항 제1호 또는 제2호의 청약철회 등에 대한 방해 행위가 있는 경우에는 그 방해 행위가 종료한 날부터 7일 이내이다(동법 제17조 제1항 제3호).

넷째, 소비자는 재화 등의 내용이 표시·광고의 내용과 다르거나 계약내용과 다르게 이행된 경우에는 그 재화 등을 공급받은 날부터 3개월 이내, 그 사실을 안 날 또는 알 수 있었던 날부터 30일 이내에 청약철회 등을 할 수 있다(동법 제17조 제3항).

[판례] 甲 등이 乙주식회사가 운영하는 웹사이트에서 丙주식회사의 항공권을
구매하였다가 항공권 결제 후 7일 내에 항공권 구입 취소 및 환불 처리
를 요청하였으나, 丙회사가 항공권 대금 중 위약금을 제외한 금액만을
甲 등에게 환급하고 乙회사는 발권대행수수료를 환급하지 아니한 사안
에서, 환불위약금에 관한 약관에서 소비자가 7일 이내에 적법하게 청약
철회권을 행사한 경우에도 일정 금액의 환불위약금을 공제하고 대금을
반환하도록 한 환불위약금 규정의 유효여부

[1] 甲 등이 전자상거래 등에서의 소비자보호에 관한 법률에 따라 적법하게 청
약철회를 한 경우, 乙회사는 계약상대방인 통신판매업자로서 구매대금을 반환
해야 하고, 丙회사는 계약 당사자는 아니지만 전자상거래법 제18조 제11항에
따라 자신이 지급받은 대금의 범위 내에서 乙회사와 연대하여 대금을 반환할
의무가 있으며, 전자상거래법의 입법 취지와 청약철회권 관련 규정의 문언, 종
래방문판매 등에 관하여 인정되던 청약철회권을 통신판매에 확대하면서 그 기
간을 단축하여 규정하기에 이른 경위, 인터넷과 모바일의 발달로 전자상거래의
비중이 급속히 증가하고 있는 점과 편면적 강행법규의 의미를 고려하면, 전자
상거래법 제17조, 제18조에서 정하는 소비자의 청약철회권을 제한하는 약정은
소비자에게 불리하지 않다는 점이 명백하다는 등의 특별한 사정이 없는 한 이
를 쉽게 유효하다고 해석하여서는 안 되는데, 환불위약금에 관한 약관에서 소
비자가 7일 이내에 적법하게 청약철회권을 행사한 경우에도 일정 금액의 환불
위약금을 공제하고 대금을 반환하도록 정하고 있으나, 甲등이 항공권 구입일로
부터 7일 만에 청약철회권을 행사하였고, 그때는 출발 일까지 40일이나 남아
있어 항공권 재판매가 충분히 가능한 시점인 점 등에 비추어, 위 환불위약금
규정은 전자상거래법에서 정한 청약철회에 관한 규정을 위반하여 소비자에게
불리하게 정한 것으로서 무효이다.

〈서울중앙지방법원 2018. 10. 24. 선고 2018나29442 판결〉

(2) 청약철회권의 제한

소비자는 다음의 어느 하나에 해당하는 경우에는 통신판매업자의 의사에 반
하여 청약철회 등을 할 수 없다(동법 제17조 제2항 제1호 내지 제6호).

첫째, 소비자에게 책임이 있는 사유로 재화 등이 멸실되거나 훼손된 경우.

다만, 재화 등의 내용을 확인하기 위하여 포장 등을 훼손한 경우는 제외한다.

둘째, 소비자의 사용 또는 일부 소비로 재화 등의 가치가 현저히 감소한 경우,

셋째, 시간이 지나 다시 판매하기 곤란할 정도로 재화 등의 가치가 현저히 감소한 경우,

넷째, 복제가 가능한 재화 등의 포장을 훼손한 경우,

다섯째, 용역 또는 「문화산업진흥기본법」 제2조 제5호의 디지털콘텐츠의 제공이 개시된 경우. 다만, 가분적 용역 또는 가분적 디지털콘텐츠로 구성된 계약의 경우에는 제공이 개시되지 아니한 부분에 대하여는 그러하지 아니하다.

여섯째, 그 밖에 거래의 안전을 위하여 인정되는 경우로서, 소비자의 주문에 따라 개별적으로 생산되는 재화 등 또는 이와 유사한 재화 등에 대하여 전자상거래법 제13조 제2항 제5호에 따른 청약철회 등을 인정하는 경우에는 통신판매업자에게 회복할 수 없는 중대한 피해가 예상되는 경우로서 사전에 해당 거래에 대하여 별도로 그 사실을 고지하고 소비자의 서면(전자문서를 포함한다)에 의한 동의를 받은 경우를 말한다.

다만, 이러한 청약철회권의 행사가 제한되는 경우라고 하더라도 통신판매업자가 일정한 조치를 하지 아니하는 경우에는 위의 둘째부터 여섯째에 해당하는 경우에도 청약철회 등을 할 수 있다. 즉, 통신판매업자는 청약철회 등이 불가능한 재화 등의 경우에는 그 사실을 재화 등의 포장이나 그 밖에 소비자가 쉽게 알 수 있는 곳에 명확하게 표시하거나 시험 사용 상품을 제공하는 등의 방법으로 청약철회 등의 권리 행사가 방해받지 아니하도록 조치하여야 한다(동법 제17조 제2항 단서 및 제17조 제6항).

나아가 복제가 가능한 재화 등의 포장을 훼손한 경우 중 디지털콘텐츠에 대하여 소비자가 청약철회 등을 할 수 없는 경우에는 청약철회 등이 불가능하다는 사실의 표시와 함께 다음의 네 가지 방법 중의 하나 이상의 방법으로 청약철회 등의 권리 행사가 방해받지 아니하도록 하여야 한다(동법 제17조 제6항 단서 및 동법 시행령 제21조의2).

첫째, 일부 이용의 허용: 디지털콘텐츠의 일부를 미리보기, 미리듣기 등으로 제공,

둘째, 한시적 이용의 허용: 일정 사용기간을 설정하여 디지털콘텐츠 제공,

셋째, 체험용 디지털콘텐츠 제공: 일부 제한된 기능만을 사용할 수 있는 디지털콘텐츠 제공,

넷째, 위의 세 가지 방법으로 시험 사용 상품 등을 제공하기 곤란한 경우: 디지털콘텐츠에 관한 정보 제공이다.

(3) 청약철회권의 행사 및 증명책임

청약철회권의 행사를 서면으로 하는 경우에는 그 의사표시가 적힌 서면을 발송한 날에 그 효력이 발생한다. 청약철회권의 행사와 행사의 제한과 관련하여 재화 등의 훼손에 대하여 소비자의 책임이 있는지 여부, 재화 등의 구매에 관한 계약이 체결된 사실 및 그 시기, 재화 등의 공급사실 및 그 시기 등에 관하여 다툼이 있는 경우에는 통신판매업자가 이를 증명하여야 한다(동법 제17조 제4항, 제5항).

라. 청약철회권 행사의 효과

소비자는 청약철회를 한 경우에는 이미 공급받은 재화 등을 반환하여야 한다. 다만, 이미 공급받은 재화 등이 용역 또는 디지털콘텐츠인 경우에는 그러하지 아니하다(동법 제18조 제1항).

통신판매업자(소비자로부터 재화 등의 대금을 받은 자 또는 소비자와 통신판매에 관한 계약을 체결한 자를 포함한다)는 다음의 어느 하나에 해당하는 날부터 3영업일 이내에 이미 지급받은 재화 등의 대금을 환급하여야 한다. 이 경우 통신판매업자가 소비자에게 재화 등의 대금 환급을 지연한 때에는 그 지연기간에 대하여 연 100분의 40 이내의 범위에서 「은행법」에 따른 은행이 적용하는 연체금리 등 경제사정을 고려하여 연 100분의 15(대통령령)로 정하는 이율을 곱하여 산정한 지연이자(이하 "지연배상금"이라 한다)를 지급하여야 한다(동법 제18조 제2항 제1호 내지 제3호).

첫째, 통신판매업자가 재화를 공급한 경우에는 재화를 반환받은 날부터 기산한다.

둘째, 통신판매업자가 용역 또는 디지털콘텐츠를 공급한 경우에는 전자상거

래법 제17조 제1항 또는 제3항에 따라 청약철회 등을 한 날부터 기산한다.

셋째, 통신판매업자가 재화 등을 공급하지 아니한 경우에는 전자상거래법 제17조 제1항 또는 제3항에 따라 청약철회 등을 한 날부터 기산한다.

통신판매업자는 재화 등의 대금을 환급할 때 소비자가 「여신전문금융업법」 제2조 제3호에 따른 신용카드나 그 밖에 대통령령으로 정하는 결제수단으로 재화 등의 대금을 지급한 경우에는 지체 없이 해당 결제수단을 제공한 사업자(이하 "결제업자"라 한다)에게 재화 등의 대금 청구를 정지하거나 취소하도록 요청하여야 한다. 다만, 통신판매업자가 결제업자로부터 해당 재화 등의 대금을 이미 받은 때에는 지체 없이 그 대금을 결제업자에게 환급하고, 그 사실을 소비자에게 알려야 한다(동법 제18조 제3항).

통신판매업자로부터 재화 등의 대금을 환급받은 결제업자는 그 환급받은 금액을 지체 없이 소비자에게 환급하거나 환급에 필요한 조치를 하여야 한다. 통신판매업자 중 환급을 지연하여 소비자가 대금을 결제하게 한 통신판매업자는 그 지연기간에 대한 지연배상금을 소비자에게 지급하여야 한다(동법 제18조 제4항, 제5항).

소비자는 통신판매업자가 정당한 사유 없이 결제업자에게 대금을 환급하지 아니하는 경우에는 결제업자에게 그 통신판매업자에 대한 다른 채무와 통신판매업자로부터 환급받을 금액을 상계(相計)할 것을 요청할 수 있다. 이 경우 결제업자는 대통령령으로 정하는 바에 따라 그 통신판매업자에 대한 다른 채무와 상계할 수 있다(동법 제18조 제6항).

소비자는 결제업자가 상계를 정당한 사유 없이 게을리 한 경우에는 결제업자에 대하여 대금의 결제를 거부할 수 있다. 이 경우 통신판매업자와 결제업자는 그 결제 거부를 이유로 그 소비자를 약정한 기일까지 채무를 변제하지 아니한 자로 처리하는 등 소비자에게 불이익을 주는 행위를 하여서는 아니 된다(동법 제18조 제7항).

통신판매업자는 이미 재화 등이 일부 사용되거나 일부 소비된 경우에는 그 재화 등의 일부 사용 또는 일부 소비에 의하여 소비자가 얻은 이익 또는 그 재화 등의 공급에 든 비용에 상당하는 금액으로서 일정 범위의 금액을 소비자에게 청구할 수 있다(동법 제18조 제8항).

청약철회 등의 경우 공급받은 재화 등의 반환에 필요한 비용은 소비자가 부담하며, 통신판매업자는 소비자에게 청약철회 등을 이유로 위약금이나 손해배상을 청구할 수 없다. 청약철회 등의 경우 재화 등의 반환에 필요한 비용은 통신판매업자가 부담한다(동법 제18조 제9항, 제10항).

통신판매업자, 재화 등의 대금을 받은 자 또는 소비자와 통신판매에 관한 계약을 체결한 자가 동일인이 아닌 경우에 이들은 청약철회 등에 의한 재화 등의 대금 환급과 관련한 의무의 이행에 대하여 연대하여 책임을 진다(동법 제18조 제11항).

마. 소비자 귀책사유로 계약해제한 경우, 소비자에 대한 손해배상청구 금액의 제한

소비자에게 책임이 있는 사유로 재화 등의 판매에 관한 계약이 해제된 경우, 통신판매업자가 소비자에게 청구하는 손해배상액은 다음의 구분에 따라 정한 금액에 대금미납에 따른 지연배상금을 더한 금액을 초과할 수 없다(동법 제19조 제1항 제1호, 제2호).

첫째, 공급한 재화 등이 반환된 경우에는 다음의 두 가지 금액 중 큰 금액을 초과할 수 없다. 즉, 하나는 반환된 재화 등의 통상 사용료 또는 그 사용으로 통상 얻을 수 있는 이익에 해당하는 금액을 기준으로 한다. 둘은 반환된 재화 등의 판매가액(販賣價額)에서 그 재화 등이 반환된 당시의 가액을 뺀 금액을 기준으로 한다.

둘째, 공급한 재화 등이 반환되지 아니한 경우에는 그 재화 등의 판매가액에 해당하는 금액을 초과할 수 없다.

공정거래위원회는 통신판매업자와 소비자 간의 손해배상청구에 따른 분쟁의 원활한 해결을 위하여 필요하면 손해배상액을 산정하기 위한 기준을 정하여 고시할 수 있다(동법 제19조 제2항).

바. 통신판매중개업자의 의무와 책임

통신판매중개를 하는 자(이하 "통신판매중개자"라 한다)는 자신이 통신판매의 당사자가 아니라는 사실을 소비자가 쉽게 알 수 있도록 일정한 방법으로 미리 고지하여야 한다. 기본적으로는 통신판매중개자가 운영하는 사이버몰의 초기 화면에 알리는 한편, 다음의 구분에 따라 추가적으로 알리는 방법을 말한다(동법 제20조 제1항).

첫째, 통신판매중개자가 자신의 명의로 표시·광고를 하는 경우: 그 표시·광고를 하는 매체의 첫 번째 면에 알릴 것,

둘째, 통신판매중개자가 전자상거래법 제13조 제2항에 따른 계약내용에 관한 서면을 교부하는 경우: 그 서면에 알릴 것,

셋째, 통신판매중개자가 청약의 방법을 제공하는 경우에는 전자상거래법 제14조에 따른 청약내용의 확인·정정·취소에 대한 절차에서 알릴 것.

통신판매중개를 업으로 하는 자(이하 "통신판매중개업자"라 한다)는 통신판매중개를 의뢰한 자(이하 "통신판매중개의뢰자"라 한다)가 사업자인 경우에는 그 성명(사업자가 법인인 경우에는 그 명칭과 대표자의 성명)·주소·전화번호 등 일정한 사항을 확인하여 청약이 이루어지기 전까지 소비자에게 제공하여야 하고, 통신판매중개의뢰자가 사업자가 아닌 경우에는 그 성명·전화번호 등 대통령령으로 정하는 사항을 확인하여 거래의 당사자들에게 상대방에 관한 정보를 열람할 수 있는 방법을 제공하여야 한다(동법 제20조 제2항).

통신판매중개자는 사이버몰 등을 이용함으로써 발생하는 불만이나 분쟁의 해결을 위하여 그 원인 및 피해의 파악 등 필요한 조치를 신속히 시행하여야 한다. 이 경우 필요한 조치의 구체적인 내용과 방법은 다음과 같다(동법 제20조 제3항).

첫째, 통신판매중개의뢰자와 소비자 사이에 발생하는 분쟁이나 불만을 접수·처리하는 인력 및 설비를 갖출 것,

둘째, 통신판매중개자 또는 통신판매중개의뢰자에 의하여 발생한 불만이나 분쟁을 해결하기 위한 기준을 사전에 마련하여 사이버몰에 고지할 것,

셋째, 소비자 불만이나 분쟁의 원인 등을 조사하여 3영업일 이내에 진행 경과를 소비자에게 알리고 10영업일 이내에 조사 결과 또는 처리방안을 소비자에게 알릴 것.

사. 통신판매중개자 및 통신판매중개의뢰자의 책임

통신판매중개자는 자신이 통신판매의 당사자가 아니라는 사실을 소비자가 쉽게 알 수 있도록 미리 고지하지 아니한 경우, 통신판매중개의뢰자의 고의 또는 과실로 소비자에게 발생한 재산상 손해에 대하여 통신판매중개의뢰자와 연대하여 배상할 책임을 진다(동법 제20조의2 제1항).

통신판매중개자는 통신판매중개의뢰자가 사업자인 경우에는 그 성명(사업자가 법인인 경우에는 그 명칭과 대표자의 성명)·주소·전화번호 등의 사항을 확인하여 청약이 이루어지기 전까지 소비자에게 제공하여야 하고, 통신판매중개의뢰자가 사업자가 아닌 경우에는 그 성명·전화번호 등의 사항을 확인하여 거래의 당사자들에게 상대방에 관한 정보를 열람할 수 있는 방법을 제공하여야 한다. 그러나 소비자에게 이러한 정보 또는 정보를 열람할 수 있는 방법을 제공하지 아니하거나 제공한 정보가 사실과 달라 소비자에게 발생한 재산상 손해에 대하여 통신판매중개의뢰자와 연대하여 배상할 책임을 진다. 다만, 소비자에게 피해가 가지 아니하도록 상당한 주의를 기울인 경우에는 그러하지 아니하다(동법 제20조의2 제2항).

그러나 이러한 고지에도 불구하고 통신판매업자인 통신판매중개자는 전자상거래법 제12조부터 제15조까지, 제17조 및 제18조에 따른 통신판매업자의 책임을 면하지 못한다. 다만, 통신판매업자의 의뢰를 받아 통신판매를 중개하는 경우 통신판매중개의뢰자가 책임을 지는 것으로 약정하여 소비자에게 고지한 부분에 대하여는 통신판매중개의뢰자가 책임을 진다(동법 제20조의2 제3항).

통신판매중개의뢰자(사업자의 경우에 한정한다)는 통신판매중개자의 고의 또는 과실로 소비자에게 발생한 재산상 손해에 대하여 통신판매중개자의 행위라는 이유로 면책되지 아니한다. 다만, 소비자에게 피해가 가지 아니하도록 상당한 주의를 기울인 경우에는 그러하지 아니하다(동법 제20조 제4항).

이러한 책임의 문제는 고의 또는 과실이 있어야 하는 민법상 "과실책임의 원칙"에 따라 "상당한 주의를 기울인 경우"에는 과실이 없으므로 책임을 지지 않는다.

아. 통신판매의 중요한 일부 업무를 수행하는 통신판매중개업자의 책임

통신판매에 관한 거래과정에서 다음의 업무를 수행하는 통신판매중개업자는 통신판매업자가 해당 사항에 따른 의무를 이행하지 아니하는 경우에는 이를 대신하여 이행하여야 한다. 이 경우 제7조 및 제8조의 "사업자"와 제13조 제2항 제5호 및 제14조 제1항의 "통신판매업자"는 "통신판매중개업자"로 본다.

첫째, 통신판매중개업자가 청약의 접수를 받는 경우로서 ① 제13조 제2항제5호에 따른 정보의 제공, ② 제14조 제1항에 따른 청약의 확인, ③ 그 밖에 소비자피해를 방지하기 위하여 필요한 사항으로서 대통령령으로 정하는 사항이다.

둘째, 통신판매중개업자가 재화등의 대금을 지급받는 경우에는 ① 제7조에 따른 조작 실수 등의 방지, ② 제8조에 따른 전자적 대금지급의 신뢰 확보, ③ 그 밖에 소비자피해를 방지하기 위하여 필요한 사항으로서 대통령령으로 정하는 사항이다.

제5절 | 약관의 규제에 관한 법률

1. 법의 목적과 적용범위

가. 법의 목적

약관의 규제에 관한 법률(이하 '약관규제법'이라 한다)은 사업자가 그 거래상의 지위를 남용하여 불공정한 내용의 약관(約款)을 작성하여 거래에 사용하는 것을 방지하고 불공정한 내용의 약관을 규제함으로써 건전한 거래질서를 확립하고, 이를 통하여 소비자를 보호하고 국민생활을 균형 있게 향상시키는 것을 목적으로 한다.

[판례] 태아를 피보험자로 하는 상해보험계약의 효력 및 출생 전 태아가 보험
　　　기간 개시 후 위 보험계약에서 정한 우연한 사고로 상해를 입은 경우,
　　　보험기간 중에 발생한 보험사고에 해당하는지 여부
[1] 상해보험계약을 체결할 때 약관 또는 보험자와 보험계약자의 개별 약정으로 태아를 상해보험의 피보험자로 할 수 있다.
상해보험은 피보험자가 보험기간 중에 급격하고 우연한 외래의 사고로 인하여 신체에 손상을 입는 것을 보험사고로 하는 인보험이므로, 피보험자는 신체를 가진 사람(人)임을 전제로 한다(상법 제737조). 그러나 상법상 상해보험계약 체결에서 태아의 피보험자 적격이 명시적으로 금지되어 있지 않다. 인보험인 상해보험에서 피보험자는 '보험사고의 객체'에 해당하여 그 신체가 보험의 목적이 되는 자로서 보호받아야 할 대상을 의미한다. 헌법상 생명권의 주체가 되는 태아의 형성 중인 신체도 그 자체로 보호해야 할 법익이 존재하고 보호의 필요성도 본질적으로 사람과 다르지 않다는 점에서 보험보호의 대상이 될 수 있다. 이처럼 약관이나 개별 약정으로 출생 전 상태인 태아의 신체에 대한 상해를 보험의 담보범위에 포함하는 것이 보험제도의 목적과 취지에 부합하고 보험계약자나 피보험자에게 불리하지 않으므로 상법 제663조에 반하지 아니하고 민법 제103조의 공서양속에도 반하지 않는다.
따라서 계약자유의 원칙상 태아를 피보험자로 하는 상해보험계약은 유효하고,

그 보험계약이 정한 바에 따라 보험기간이 개시된 이상 출생 전이라도 태아가 보험계약에서 정한 우연한 사고로 상해를 입었다면 이는 보험기간 중에 발생한 보험사고에 해당한다.

〈대법원 2019. 3. 28. 선고 2016다211224 판결〉

나. 법의 적용범위

(1) 법적용 약관

"약관"이란 그 명칭이나 형태 또는 범위에 상관없이 계약의 한쪽 당사자가 여러 명의 상대방과 계약을 체결하기 위하여 일정한 형식으로 미리 마련한 계약의 내용을 말한다(약관규제법 제2조 제1호).

전통적인 계약의 모습은 당사자(청약자와 승낙자)가 흥정이나 협상을 통하여 계약의 내용을 정하는 것이다. 그러나 현대의 많은 계약들, 예컨대, 은행, 보험, 운송, 창고, 리스계약, 할부계약 등은 사업자가 일방적으로 미리 만들어 놓은 계약서를 고객(소비자)에게 제시하고 고객은 이에 동의하는 방식으로 계약을 체결하는 것이다.

이처럼 당사자 일방(사업자)이 계약의 내용으로 삼기 위하여 미리 작성하여 마련해 둔 것을 "약관"이라고 한다.

(2) 약관규제법이 적용되지 않는 약관

약관이 「상법」 제3편, 「근로기준법」 또는 그 밖에 대통령령으로 정하는 비영리사업의 분야에 속하는 계약에 관한 것일 경우에는 이 약관규제법을 적용하지 아니한다(약관규제법 제30조 제1항).

상법 제3편(회사)은 회사의 설립과 운영, 주식의 모집 등 회사법 분야의 약관은 상법에서 공정성을 유지하고 자율성을 존중하고 있기 때문에 회사법에 맡겨져 있다.

또한 근로기준법의 분야에 속하는 계약에 관한 약관에 대하여도 근로기준법 기타 노동관계 법규에서 노동조건 및 근로자 지위확보를 위하여 여러 방향에서 규제를 하고 있어서 약관규제법이 중복해서 규제할 필요가 없다.

비영리사업의 분야에 속하는 계약에 관한 약관으로서 대통령령으로 정하는 경우에도 약관규제법의 적용범위에서 제외된다. 현재 대통령령이 제정되지 아니하여 구체적으로 어떠한 약관이 제외될지는 정확하게 알 수 없다.

특정한 거래 분야의 약관에 대하여 다른 법률에 특별한 규정이 있는 경우를 제외하고는 이 법에 따른다(약관규제법 제30조 제2항).

(3) 사업자와 고객

"사업자"란 계약의 한쪽 당사자로서 상대 당사자에게 약관을 계약의 내용으로 할 것을 제안하는 자를 말한다.

"고객"이란 계약의 한쪽 당사자로서 사업자로부터 약관을 계약의 내용으로 할 것을 제안받은 자를 말한다.

[판례] [1] 계약의 당사자가 누구인지 확정하는 방법 및 당사자 사이에 법률행위의 해석을 둘러싸고 이견이 있어 당사자의 의사해석이 문제 되는 경우, 이를 해석하는 방법
[2] 온라인 숙박예약 서비스 플랫폼 사업자인 甲 회사가 플랫폼에서 검색된 숙소 목록의 '객실 유형' 중 '조건' 또는 '선택사항' 항목에 게시한 환불불가 조항이 고객에게 부당하게 과중한 손해배상의무를 부담시키는 약관 조항이라는 이유로 공정거래위원회가 甲 회사에 해당 조항을 수정 또는 삭제하고 사용을 금지하는 명령을 한 사안에서, 甲 회사는 약관의 규제에 관한 법률 제17조 및 제2조 제2호에 따라 불공정약관조항의 사용금지 의무를 부담하는 사업자에 해당하는지 여부

[1] 일반적으로 계약의 당사자가 누구인지는 그 계약에 관여한 당사자의 의사해석 문제에 해당한다. 당사자 사이에 법률행위의 해석을 둘러싸고 이견이 있어 당사자의 의사해석이 문제 되는 경우에는 법률행위의 내용, 그러한 법률행위가 이루어진 동기와 경위, 법률행위에 의하여 달성하려는 목적, 당사자의 진정한 의사 등을 종합적으로 고찰하여 논리와 경험칙에 따라 합리적으로 해석하여야 한다.
[2] 온라인 숙박예약 서비스 플랫폼 사업자인 甲 회사가 플랫폼에서 검색된 숙소 목록의 '객실 유형' 중 '조건' 또는 '선택사항' 항목에 게시한 환불불가 조항이 고객에게 부당하게 과중한 손해배상의무를 부담시키는 약관 조항이라는 이

유로 공정거래위원회가 甲 회사에 해당 조항을 수정 또는 삭제하고 사용을 금지하는 명령을 한 사안에서, 환불불가 조항은 숙박계약에 포함되는 내용으로서, 숙박계약의 당사자는 숙박업체와 고객일 뿐 甲 회사를 숙박계약의 한쪽 당사자라고 볼 수 없고, 甲 회사가 전자상거래 등에서의 소비자보호에 관한 법률에 따라 통신판매업자의 책임을 면하지 못하거나 대신 이행해야 하는 '통신판매중개업자'나 '통신판매업자인 통신판매중개자'에 해당한다고 하여 이와 달리 볼 것은 아니며, 甲 회사가 고객에게 환불불가 조항을 제안하는 자라고 볼 수도 없으므로, 甲 회사는 약관의 규제에 관한 법률 제17조 및 제2조 제2호에 따라 불공정약관조항의 사용금지 의무를 부담하는 사업자에 해당한다고 보기 어렵다.

〈대법원 2023. 9. 21. 선고 2020두41399 판결〉

2. 사업자의 약관의 작성 및 명시·설명의무

사업자는 고객이 약관의 내용을 쉽게 알 수 있도록 한글로 작성하고, 표준화·체계화된 용어를 사용하며, 약관의 중요한 내용을 부호, 색채, 굵고 큰 문자 등으로 명확하게 표시하여 알아보기 쉽게 약관을 작성하여야 한다(약관규제법 제3조 제1항). 이를 사업자의 약관 작성의무라고 한다.

사업자는 계약을 체결할 때에는 고객에게 약관의 내용을 계약의 종류에 따라 일반적으로 예상되는 방법으로 분명하게 밝히고, 고객이 요구할 경우 그 약관의 사본을 고객에게 내주어 고객이 약관의 내용을 알 수 있게 하여야 한다(약관규제법 제3조 제1항). 이를 사업자의 약관의 명시 및 설명의무라고 한다.

다만, ① 여객운송업, ② 전기·가스 및 수도사업, ③ 우편업, ④ 공중전화서비스 제공 통신업에 해당하는 업종의 약관에 대하여는 약관의 명시 및 설명의무가 면제된다.

사업자는 약관에 정하여져 있는 중요한 내용을 고객이 이해할 수 있도록 설명하여야 한다. 이를 사업자의 약관의 설명의무라고 한다. 다만, 계약의 성질상 설명하는 것이 현저하게 곤란한 경우에는 설명의무가 면제된다.

사업자가 약관의 명시의무와 설명의무를 위반하여 계약을 체결한 경우에는 해당 약관을 계약의 내용으로 주장할 수 없다(약관규제법 제3조 제4항).

3. 개별약정 우선의 원칙

약관에서 정하고 있는 사항에 관하여 사업자와 고객이 약관의 내용과 다르게 합의한 사항이 있을 때에는 그 합의 사항은 약관보다 우선한다(약관규제법 제4조). 이를 개별약정 우선의 원칙이라고 한다. 이는 개별약정을 우선적으로 계약의 내용으로 하고 약관은 이에 상반되지 않는 부분에 한해서 적용시킨다는 것을 뜻한다.

개별약정 우선의 원칙은 고객의 이익을 보호하고자 하는 목적에서 확립된 해석원칙이다. 즉 기업 측이 고객에게 개별적으로 약관과 다른 약속을 하고도 후에 약관의 적용을 주장함으로써 고객의 이익을 부당하게 침해하는 것을 막고자 하는 것이다.

[판례] [1] 약관과 다른 내용의 약정을 한 경우 그 약정의 효력, [2] 신용보증계약의 내용이 된 신용보증약관과 다른 내용의 변제충당에 관한 '우선순위약정'에 대하여 신용보증약관을 이유로 그 효력을 배척할 수 있는지 여부

[1] 약관이 계약당사자 사이에 구속력을 갖는 것은 그 자체가 법규범이거나 또는 법규범적 성질을 가지기 때문이 아니라 당사자가 그 약관의 규정을 계약내용에 포함시키기로 합의하였기 때문이므로 계약당사자가 명시적으로 약관의 규정과 다른 내용의 약정을 하였다면, 약관의 규정을 이유로 그 약정의 효력을 부인할 수는 없다.

[2] 신용보증계약의 내용이 된 신용보증약관에 변제충당의 순서에 관하여 규정되어 있다 하더라도 은행인 채권자가 신◆◆◇기금과 신용보증계약을 체결한 후 신◆◆◇기금으로부터 일부 채권에 대한 대위변제를 받고 그 채권과 함께 이를 담보하는 근저당권의 일부를 신◆◆◇기금에게 양도하면서 신◆◆◇기금과 사이에 명시적으로, 위 근저당권이 담보하는 채권자의 잔존채권이 있으면 양도한 근저당권에서 채권자가 우선하여 그 채권을 회수할 수 있다는 취지의

약정을 하였다면 변제충당의 순서에 관한 신용보증약관의 규정을 이유로 채권자와 신◆◆◇기금 사이의 위와 같은 약정의 효력을 부인할 수는 없다.

〈대법원 1998. 9. 8. 선고 97다53663 판결〉

[판례] [1] 계약의 일방 당사자가 일정한 형식에 의하여 미리 마련한 계약서를 제시하여 계약을 체결하였으나, 상대방과 계약서상의 특정 조항에 관하여 개별적인 교섭을 거친 경우, 그 특정조항이 약관의 규제에 관한 법률의 규율대상이 되는지 여부(소극) 및 개별적인 교섭의 존재를 인정하기 위한 요건

[1] 계약의 일방 당사자가 다수의 상대방과 계약을 체결하기 위해서 일정한 형식에 의하여 미리 계약서를 마련하여 두었다가 어느 한 상대방에게 이를 제시하여 계약을 체결하는 경우에도 그 상대방과 사이에 특정 조항에 관하여 개별적인 교섭(또는 흥정)을 거침으로써 상대방이 자신의 이익을 조정할 기회를 가졌다면, 그 특정 조항은 「약관의 규제에 관한 법률」(이하 '약관법'이라고 한다)의 규율대상이 아닌 개별약정이 된다고 보아야 한다. 이때 개별적인 교섭이 있었다고 하기 위해서는 비록 그 교섭의 결과가 반드시 특정 조항의 내용을 변경하는 형태로 나타나야 하는 것은 아니라 하더라도, 적어도 계약의 상대방이 그 특정 조항을 미리 마련한 당사자와 사이에 거의 대등한 지위에서 당해 특정 조항에 대하여 충분한 검토와 고려를 한 뒤 영향력을 행사함으로써 그 내용을 변경할 가능성이 있어야 한다.

〈대법원 2017. 12. 5. 선고 2017다252987, 252994 판결〉

4. 약관의 해석원칙

가. 신의성실의 원칙에 따른 공정해석

약관은 신의성실의 원칙에 따라 공정하게 해석되어야 한다(약관규제법 제5조 제1항 전단). 우리 민법 제2조에서 "권리의 행사와 의무의 이행은 신의에 좇아 성실히 하여야 한다."라고 규정하여 권리의 행사와 의무의 이행에 관해서는 이 원칙을 약관규제법에 도입한 것이다. 따라서 약관의 해석은 구체적 타당성을 가지

고 양 당사자에게 정당한 이익이 실현되는 방향으로 공정하게 해석되어야 한다.

[판례] 보통거래약관의 객관적·획일적 해석 원칙 및 상대방의 법률상 지위에
     중대한 영향을 미치는 약관의 엄격해석 원칙
[1] 보통거래약관은 신의성실의 원칙에 따라 당해 약관의 목적과 취지를 고려
하여 공정하고 합리적으로 해석하되, 개개의 계약당사자가 기도한 목적이나 의
사를 참작함이 없이 평균적 고객의 이해가능성을 기준으로 보험단체 전체의
이해관계를 고려하여 객관적·획일적으로 해석하여야 한다. 특히, 그 계약의 내
용이 당사자 일방이 작성한 약관의 내용으로서 상대방의 법률상의 지위에 중
대한 영향을 미치게 되는 경우에는 구 약관의 규제에 관한 법률(2010. 3. 22.
법률 제10169호로 개정되기 전의 것) 제6조 제1항, 제7조 제2호의 규정 취지
에 비추어 더욱 엄격하게 해석하여야 한다.
〈대법원 2011. 4. 28. 선고 2010다106337 판결〉

나. 통일적 해석

약관이 불특정 다수의 고객을 상대로 작성된 것이므로 약관을 고객에 따라
다르게 해석되어서는 아니 된다(약관규제법 제5조 제1항 후단). 종래 약관의 해석
원칙인 개개의 고객에 따라 각각 다르게 해석되어서는 아니 되고 모든 고객에게
통일적으로 해석되어야 한다는 「통일적 해석의 원칙」을 입법화한 것이다. 이는
약관이 개별약정과는 달리 다수인에게 통용되는 것이므로 약관조항을 약관작성
자의 주관적 목적에 따르기보다는 그 문언에 따라 객관적으로 해석되어야 한다
는 「객관적 해석원칙」의 파생원칙이다. 그리고 모든 고객에게 동일하게 해석됨
으로써 사업자가 고객에 따라 차별적으로 해석하는 것을 막을 수 있다.

판례도 보통거래약관의 내용은 개개 계약체결자의 의사나 구체적인 사정을
고려함이 없이 평균적 고객의 이해가능성을 기준으로 하되 보험단체 전체의 이
해관계를 고려하여 객관적, 획일적으로 해석하여야 한다고 판시하고 있다.6)

---

6) 대법원 1996. 6. 25. 선고 96다12009 판결.

다. 불명확 조항의 해석

약관의 뜻이 명백하지 아니한 경우에는 고객에게 유리하게 해석되어야 한다(약관규제법 제5조 제2항). 이를 "작성자 불리의 원칙"이라고 한다.

이 불명확 조항의 작성자 불리의 원칙은 명확하게 해석되지 않는 약관조항이 있을 경우, 확정하기 어려운 조항을 만드는 데 원인을 준 자가 그 불명확의 위험을 부담해야 된다는 사상에서 출발한 것으로 로마법에서 유래하는 "의심스러울 때는 작성자에게 불리하게(in dubio contra stipulatoren)"라는 원칙에서 연원을 둔 것이라고 할 수 있다.

[판례] 보험약관의 해석에 있어 작성자 불이익의 원칙
[1] 보험약관은 신의성실의 원칙에 따라 해당 약관의 목적과 취지를 고려하여 공정하고 합리적으로 해석하되, 개개 계약 당사자가 기도한 목적이나 의사를 참작하지 않고, 평균적 고객의 이해가능성을 기준으로 보험단체 전체의 이해관계를 고려하여 객관적·획일적으로 해석하여야 한다. 위와 같은 해석을 거친 후에도 약관 조항이 객관적으로 다의적으로 해석되고, 그 각각의 해석이 합리성이 있는 등 당해 약관의 뜻이 명백하지 아니한 경우에는 고객에게 유리하게 해석하여야 한다.
〈대법원 2018. 7. 24. 선고 2017다256828 판결〉

5. 불공정 약관조항

가. 불공정 약관조항의 무효에 대한 일반원칙

어떤 약관조항이 당사자 사이의 이익형평에서 벗어나 공정하지 못할 때에는 그러한 조항을 불공정 약관조항이라고 한다. 신의성실의 원칙을 위반하여 공정성을 잃은 약관 조항은 무효이다(약관규제법 제6조 제1항). 약관규제법은 제7조 내지 제14조에서 약관의 개별적 무효사유를 정하고 있는데 이러한 조항에 해당하지 않더라도 일반원칙인 신의성실의 원칙에 비추어 무효가 될 수 있다.

또한 약관의 내용 중 다음의 어느 하나에 해당하는 내용을 정하고 있는 조항은 공정성을 잃은 것으로 추정된다(약관규제법 제6조 제2항). 즉, ① 고객에게 부당하게 불리한 조항, ② 고객이 계약의 거래형태 등 관련된 모든 사정에 비추어 예상하기 어려운 조항, ③ 계약의 목적을 달성할 수 없을 정도로 계약에 따르는 본질적 권리를 제한하는 조항을 말한다.

따라서 이러한 불공정 약관으로 추정되는 조항은 사업자가 불공정하지 않다는 반대입증을 하지 않으면 무효가 된다.

나. 불공정 약관조항의 개별적 무효사유

약관규제법은 불공정 약관조항의 무효에 대한 일반원칙을 바탕으로 제7조 내지 제14조에서 개별적으로 무효가 될 수 있는 사유를 규정하고 있다.

(1) 면책조항의 금지

계약 당사자의 책임에 관하여 정하고 있는 약관의 내용 중 다음의 어느 하나에 해당하는 내용을 정하고 있는 조항은 무효로 한다(약관규제법 제7조 제1호 내지 제4호).

즉, ① 사업자, 이행 보조자 또는 피고용자의 고의 또는 중대한 과실로 인한 법률상의 책임을 배제하는 조항, ② 상당한 이유 없이 사업자의 손해배상 범위를 제한하거나 사업자가 부담하여야 할 위험을 고객에게 떠넘기는 조항, ③ 상당한 이유 없이 사업자의 담보책임을 배제 또는 제한하거나 그 담보책임에 따르는 고객의 권리행사의 요건을 가중하는 조항, ④ 상당한 이유 없이 계약목적물에 관하여 견본이 제시되거나 품질·성능 등에 관한 표시가 있는 경우 그 보장된 내용에 대한 책임을 배제 또는 제한하는 조항이다.

[판례] [1] 전기공급규정의 법적 성질, [2] 전기공급규정 중 면책약관의 효력, [3] 전기공급 중단의 경우, 한국전력공사의 책임이 면제되지 않는 '고의에 준하는 중대한 과실'의 개념
[1] 전기사업법은 다수의 일반 수요자에게 생활에 필수적인 전기를 공급하는 공익사업인 전기사업의 합리적 운용과 사용자의 이익보호를 위하여 계약자유의 원칙을 일부 배제하여 일반 전기사업자와 일반 수요자 사이의 공급계약조

건을 당사자가 개별적으로 협정하는 것을 금지하고 오로지 공급규정의 정함에 따를 것을 규정하고 있는바, 이러한 공급규정은 일반 전기사업자와 그 공급구역 내의 현재 및 장래의 불특정 다수의 수요자 사이에 이루어지는 모든 전기공급계약에 적용되는 보통계약약관으로서의 성질을 가진다.

[2] 한국전력공사의 전기공급규정 제51조 제3호, 제49조 제1항 제3호는 한국전력공사의 전기설비에 고장이 발생하거나 발생할 우려가 있는 때 한국전력공사는 전기의 공급을 중지하거나 그 사용을 제한할 수 있고, 이 경우 한국전력공사는 수용가가 받는 손해에 대하여 배상책임을 지지 않는다고 규정하고 있는바, 이는 면책약관의 성질을 가지는 것으로서 한국전력공사의 고의 또는 중대한 과실로 인한 경우까지 적용된다고 보는 경우에는 약관의규제에관한법률 제7조 제1호에 위반되어 무효이나, 그 외의 경우에 한하여 한국전력공사의 면책을 정한 규정이라고 해석하는 한도에서는 유효하다고 보아야 한다.

[3] 전기산업의 경우 한국전력공사가 일반 수요자들에 대한 공급을 사실상 독점하고 있고, 관련 시설의 유지 및 관리에 필요한 기술과 책임도 사실상 단독으로 보유하고 있는 등 그 특수성에 비추어 전기공급 중단의 경우 한국전력공사의 책임이 면제되지 않는 고의에 준하는 중대한 과실의 개념은 위와 같은 한국전력공사의 특수한 지위에 비추어 마땅히 해야 할 선량한 관리자의 주의의무를 현저히 결하는 것이라고 봄이 상당하다.

〈대법원 2002. 4. 12. 선고 98다57099 판결〉

(2) 손해배상액의 예정

고객에게 부당하게 과중한 지연 손해금 등의 손해배상 의무를 부담시키는 약관 조항은 무효로 한다(약관규제법 제8조).

[판례] 부동산임대업자가 미리 부동문자로 인쇄한 임대차계약서를 제시하여 임대차계약을 체결한 사안에서, 그 계약서상 임대차목적물의 명도 또는 원상복구 지연에 따른 배상금 조항이 약관에 해당하는지 여부 및 임차인에 대하여 부당하게 과중한 손해배상의무를 부담시키는 조항이 약관의 규제에 관한 법률 제8조에 의하여 무효인지 여부

[1] 부동산임대업자가 미리 부동문자로 인쇄한 임대차계약서를 제시하여 임대

차계약을 체결한 사안에서, 그 계약서에 기재된 임대차계약 종료일로부터 인도 또는 복구된 날까지의 통상 차임 및 관리비와 임대차보증금에 대한 월 1%의 비율에 의한 이자의 합산액의 2배를 배상액으로 정하고 있는 '임대차목적물의 명도 또는 원상복구 지연에 따른 배상금' 조항은 개별적인 교섭을 거침으로써 상대방이 자신의 이익을 조정할 기회를 가졌다고 할 수 없어 약관에 해당하고, 또한 고객인 임차인에 대하여 부당하게 과중한 손해배상의무를 부담시키는 조항이므로 약관의 규제에 관한 법률 제8조에 의하여 무효라고 할 것이다.

〈대법원 2008. 7. 10. 선고 2008다16950 판결〉

(3) 계약의 해제·해지

계약의 해제·해지에 관하여 정하고 있는 약관의 내용 중 다음의 어느 하나에 해당되는 내용을 정하고 있는 조항은 무효로 한다(약관규제법 제9조 제1호 내지 제6호).

즉, ① 법률에 따른 고객의 해제권 또는 해지권을 배제하거나 그 행사를 제한하는 조항, ② 사업자에게 법률에서 규정하고 있지 아니하는 해제권 또는 해지권을 부여하여 고객에게 부당하게 불이익을 줄 우려가 있는 조항, ③ 법률에 따른 사업자의 해제권 또는 해지권의 행사 요건을 완화하여 고객에게 부당하게 불이익을 줄 우려가 있는 조항, ④ 계약의 해제 또는 해지로 인한 원상회복의무를 상당한 이유 없이 고객에게 과중하게 부담시키거나 고객의 원상회복 청구권을 부당하게 포기하도록 하는 조항, ⑤ 계약의 해제 또는 해지로 인한 사업자의 원상회복의무나 손해배상의무를 부당하게 경감하는 조항, ⑥ 계속적인 채권관계의 발생을 목적으로 하는 계약에서 그 존속기간을 부당하게 단기 또는 장기로 하거나 묵시적인 기간의 연장 또는 갱신이 가능하도록 정하여 고객에게 부당하게 불이익을 줄 우려가 있는 조항이다.

[판례] 甲이 乙주식회사와 상조계약을 체결하고 계약금액을 할부로 납입한 후, 상조서비스를 제공받지 않은 상태에서 상조계약의 해제를 통지하고 기납입금의 환급을 요구하자, 乙회사가 약관조항을 들어 '甲은 상조계약을 해제할 수 없고 계약이 해제되었다고 하더라도 약관에 따른 해약환급

금만 지급할 의무가 있다'고 주장한 사안에서, 해제권 및 해약환급금에
관한 약관조항은 약관의 규제에 관한 법률에 따라 무효가 되는지 여부
[1] 甲이 乙주식회사와 상조계약을 체결하고 계약금액을 할부로 납입한 후, 상
조서비스를 제공받지 않은 상태에서 상조계약의 해제를 통지하고 기납입금의
환급을 요구하자, 乙회사가 '회원이 서면으로 乙회사에 해약을 요청하면, 乙회
사는 실종, 사망, 기타회사가 필요하다고 인정하는 경우 회원의 위약에 따른
위약손해금을 공제하고 해약환불금을 지급한다.'는 내용의 약관조항을 들어,
'甲은 상조계약을 해제할 수 없고 계약이 해제되었다고 하더라도 약관에 따른
해약환급금만 지급할 의무가 있다'고 주장한 사안에서, <u>위 상조계약은 할부거
래에 관한 법률에서 정한 선불식 할부계약에 해당하는데, 위 약관 중 해제권에
관한 조항은 할부거래에 관한 법률 제25조에 정한 소비자의 해제권을 제한하
는 것으로 약관의 규제에 관한 법률 제9조 제1호에 해당하여 무효이고, 해약환
급금 조항은 소비자에게 해제로 인해 발생하는 손실을 현저하게 초과하는 위
약금을 청구하는 것으로 약관의 규제에 관한 법률 제8조에 해당하여 무효라고
할 것이다.</u>
〈울산지방법원 2014. 12. 3. 선고 2014나2013 판결〉

(4) 채무의 이행

채무의 이행에 관하여 정하고 있는 약관의 내용 중 다음의 어느 하나에 해
당하는 내용을 정하고 있는 조항은 무효로 한다(약관규제법 제10조 제1호와 제2호).
즉, ① 상당한 이유 없이 급부(給付)의 내용을 사업자가 일방적으로 결정하
거나 변경할 수 있도록 권한을 부여하는 조항, ② 상당한 이유 없이 사업자가
이행하여야 할 급부를 일방적으로 중지할 수 있게 하거나 제3자에게 대행할 수
있게 하는 조항이다.

[판례] [1] 회원제 체육시설이용계약의 성질, [2] 헬스클럽 규약상 시설주체가
연회비를 임의 조절할 수 있도록 되어 있는 경우, 연회비 인상의 한계,
[3] 헬스클럽 시설주체의 연회비 인상이 합리적인 범위에서 이루어졌다
고 보아, 그 연회비 납부를 거부하는 클럽회원에 대한 제명처분의 정당
성 여부

[1] 회원제 체육시설이용계약은 체육시설의 주체가 다수의 회원을 모집하여 회원들로 하여금 각종 체육시설 등을 이용할 수 있도록 서비스를 제공하고 회원들은 그 대가로 대금을 지급하는 일종의 무명계약이라고 할 수 있는 바, <u>회원들이 계약 체결시 체육시설의 주체에게 지급한 일정금액의 입회보증금과 가입비 외에 그 계약에 따라 매년 지급하는 연회비도 위 계약상의 시설이용의 대가라고 할 수 있다.</u>

[2] 헬스클럽의 시설주체가 공과금, 물가인상 기타 경제적 요인을 고려하여 클럽시설 이용의 대가인 연회비를 임의 조절할 수 있도록 클럽규약에 규정되어 있다면, 일단 연회비의 인상 여부 및 그 인상의 범위를 정할 수 있는 권한은 시설주체에게 위임되어 있다고 할 수 있지만, 그렇다고 하여 시설주체가 아무런 합리적인 근거 없이 임의로 연회비에 관한 사항을 정할 권한을 가진다고는 해석할 수 없고, 오히려 다수의 회원과 시설이용계약을 체결한 시설주체로서는 객관적으로 합리적인 범위 내에서만 그 연회비의 인상 여부 및 인상 범위를 정할 수 있다고 보아야 한다.

[3] <u>헬스클럽 시설주체의 연회비 인상이 객관적으로 보아 합리적인 범위를 벗어나 부당한 것이 아닌 이상, 상당한 기간을 정하여 인상된 연회비의 납부를 최고하고 그 회비 미납 및 클럽의 질서 교란 등을 이유로 클럽시설이용계약을 해지한다는 의미에서 관련 회원들을 제명처분한 것은 정당하다.</u>

〈대법원 1996. 2. 27. 선고 95다35098 판결〉

(5) 고객의 권익 보호

고객의 권익에 관하여 정하고 있는 약관의 내용 중 다음의 어느 하나에 해당하는 내용을 정하고 있는 조항은 무효로 한다(약관규제법 제11조 제1호 내지 제4호).

즉, ① 법률에 따른 고객의 항변권(抗辯權), 상계권(相計權) 등의 권리를 상당한 이유 없이 배제하거나 제한하는 조항, ② 고객에게 주어진 기한의 이익을 상당한 이유 없이 박탈하는 조항, ③ 고객이 제3자와 계약을 체결하는 것을 부당하게 제한하는 조항, ④ 사업자가 업무상 알게 된 고객의 비밀을 정당한 이유 없이 누설하는 것을 허용하는 조항이다.

[판례] [1] 대규모 쇼핑몰 내 점포의 임대분양계약 약관 중 임대료 인상에 관한 조항이 약관의규제에관한법률 제10조 제1호의 '상당한 이유 없이 급부의 내용을 사업자가 일방적으로 결정하거나 변경할 수 있도록 권한을 부여하는 조항'에 해당하는지 여부, [2] 대규모 쇼핑몰 내 점포의 임대분양계약 약관 중 상가건물의 관리운영규칙의 제정 또는 개정, 임차권등기청구권의 배제, 지정 업종의 변경, 제세공과금의 부담 등에 관한 조항이 약관의규제에관한법률에서 정하는 불공정한 약관에 해당하는지 여부

[1] 대규모 쇼핑몰 내 점포의 임대분양계약 약관 중 임대료 인상에 관한 조항이 약관의규제에관한법률 제10조 제1호의 '상당한 이유 없이 급부의 내용을 사업자가 일방적으로 결정하거나 변경할 수 있도록 권한을 부여하는 조항'에 해당한다.

[2] 대규모 쇼핑몰 내 점포의 임대분양계약 약관 중 상가건물의 관리운영규칙의 제정 또는 개정, 임차권등기청구권의 배제, 지정 업종의 변경, 제세공과금의 부담 등에 관한 조항이 약관의규제에관한법률에서 정하는 불공정한 약관에 해당한다고 본 원심의 판단은 타당하다.

〈대법원 2005. 2. 18. 선고 2003두3734 판결〉

(6) 의사표시의 의제

의사표시에 관하여 정하고 있는 약관의 내용 중 다음의 어느 하나에 해당하는 내용을 정하고 있는 조항은 무효로 한다(약관규제법 제12조 제1호 내지 제4호).

즉, ① 일정한 작위(作爲) 또는 부작위(不作爲)가 있을 경우 고객의 의사표시가 표명되거나 표명되지 아니한 것으로 보는 조항. 다만, 고객에게 상당한 기한 내에 의사표시를 하지 아니하면 의사표시가 표명되거나 표명되지 아니한 것으로 본다는 뜻을 명확하게 따로 고지한 경우이거나 부득이한 사유로 그러한 고지를 할 수 없는 경우에는 그러하지 아니하다. ② 고객의 의사표시의 형식이나 요건에 대하여 부당하게 엄격한 제한을 두는 조항, ③ 고객의 이익에 중대한 영향을 미치는 사업자의 의사표시가 상당한 이유 없이 고객에게 도달된 것으로 보는 조항, ④ 고객의 이익에 중대한 영향을 미치는 사업자의 의사표시 기한을 부당하게 길게 정하거나 불확정하게 정하는 조항이다.

[판례] [1] 보험계약자와 피보험자가 다른 보험계약에서 피보험자에게 보험료
지급을 최고하지 않고 보험금 미지급을 이유로 보험계약을 해지할 수 있
는지 여부, [2] 보험계약자 또는 피보험자의 주소변경통보 불이행시 종전
주소지를 보험회사 의사표시의 수령장소로 본다는 보험약관의 유효 여부

[1] 분할보험료가 약정한 시기에 지급되지 아니한 경우 보험자는 상당한 기간
을 정하여 보험계약자에게 최고하고 그 기간 안에 보험료가 지급되지 아니한
때에는 그 보험계약을 해지할 수 있으나, 보험계약자와 피보험자가 다른 때에
는 상법 제650조 제3항에 따라 피보험자에게도 상당한 기간을 정하여 보험료
의 지급을 최고한 뒤가 아니면 그 계약을 해지하지 못한다.

[2] 보험계약자 또는 피보험자가 주소변경을 통보하지 아니하는 한 보험증권에
기재된 보험계약자 또는 피보험자의 주소를 보험회사의 의사표시를 수령할 지정
장소로 본다는 개인용 자동차보험 특별약관의 규정은 보험회사가 과실 없이 보
험계약자 또는 피보험자의 주소 등 소재를 알지 못한 경우에 한하여 적용된다.

〈대법원 2003. 2. 11. 선고 2002다64872 판결〉

(7) 대리인의 책임 가중

고객의 대리인에 의하여 계약이 체결된 경우 고객이 그 의무를 이행하지 아
니하는 경우에는 대리인에게 그 의무의 전부 또는 일부를 이행할 책임을 지우는
내용의 약관 조항은 무효로 한다는 조항이다(약관규제법 제13조).

[판례] [1] 약관의규제에관한법률 제13조 소정의 '대리인'의 의미, [2] 약관의규
제에관한법률 제13조 소정의 '대리인'에 해당하는지 여부

[1] 약관의규제에관한법률 제13조 소정의 '대리인'이라 함은 같은 법 제1조 및
제6조 제1항의 취지를 종합하여 살펴볼 때 단순히 '본인을 위하여 계약체결을
대리하는 민법상 및 상법상의 대리인'을 뜻한다.

[2] 재단법인 축■▲△통사업단의 입찰안내서 수입조건 제12조 에프(f)항 소정
의 국내대리점은 단순히 계약체결의 대리인이 아니라 계약이행자로서의 지위
도 겸하고 있다는 이유로 약관의규제에관한법률 제13조 소정의 대리인에 해당
하지 않는다.

〈대법원 1999. 3. 9. 선고 98두17494 판결〉

(8) 소송 제기의 금지 등

소송 제기 등과 관련된 약관의 내용 중 다음의 어느 하나에 해당하는 조항은 무효로 한다(약관규제법 제14조 제1호와 제2호).

즉, ① 고객에게 부당하게 불리한 소송 제기 금지 조항 또는 재판관할의 합의 조항, ② 상당한 이유 없이 고객에게 입증(증명)책임을 부담시키는 약관 조항이다.

[판례] 아파트 공급계약서상의 관할합의 조항이 약관의규제에관한법률 제14조에 해당하여 무효가 되는지 여부

[1] 대전에 주소를 둔 계약자와 서울에 주영업소를 둔 건설회사 사이에 체결된 아파트 공급계약서상의 "본 계약에 관한 소송은 서울민사지방법원을 관할법원으로 한다."라는 관할합의 조항은 약관의규제에관한법률 제2조 소정의 약관으로서 민사소송법상의 관할법원 규정보다 고객에게 불리한 관할법원을 규정한 것이어서 사업자에게는 유리할지언정 원거리에 사는 경제적 약자인 고객에게는 제소 및 응소에 큰 불편을 초래할 우려가 있으므로 약관의규제에관한법률 제14조 소정의 '고객에 대하여 부당하게 불리한 재판관할의 합의조항'에 해당하여 무효라고 보아야 한다.

〈대법원 1998. 6. 29.자 98마863 결정〉

다. 불공정 약관조항의 무효 효과

(1) 불공정 약관조항의 적용 제한

국제적으로 통용되는 약관이나 그 밖에 특별한 사정이 있는 약관으로서 대통령령으로 정하는 경우에는 제7조부터 제14조까지의 규정을 적용하는 것을 조항별·업종별로 제한할 수 있다(약관규제법 제15조). 대통령령에 위임되어 있는 업종은 ① 국제적으로 통용되는 운송업, ② 국제적으로 통용되는 금융업 및 보험업, ③「무역보험법」에 따른 무역보험 중의 하나에 해당하는 것이다.

(2) 일부 무효의 특칙

약관의 전부 또는 일부의 조항이 약관규제법 제3조 제4항에 따라 계약의 내

용이 되지 못하는 경우나 제6조부터 제14조까지의 규정에 따라 무효인 경우, 계약은 나머지 부분만으로 유효하게 존속한다. 다만, 유효한 부분만으로는 계약의 목적 달성이 불가능하거나 그 유효한 부분이 한쪽 당사자에게 부당하게 불리한 경우에는 그 계약은 무효로 한다(약관규제법 제16조).

[판례] 보험약관에 대한 설명의무 위반의 효과로서 설명의무 위반으로 보험계약이 나머지 부분만으로 유효하게 존속하는 경우, 보험계약의 내용을 확정하는 방법 및 보험계약자가 확정된 보험계약의 내용과 다른 내용을 보험계약의 내용으로 주장하기 위한 요건

[1] 보험자 또는 보험계약의 체결 또는 모집에 종사하는 자는 보험계약을 체결할 때에 보험계약자 또는 피보험자에게 보험약관에 기재되어 있는 보험상품의 내용, 보험료율의 체계 및 보험청약서상 기재사항의 변동사항 등 보험계약의 중요한 내용에 대하여 구체적이고 상세하게 설명할 의무를 지고, 보험자가 이러한 보험약관의 설명의무를 위반하여 보험계약을 체결한 때에는 약관의 내용을 보험계약의 내용으로 주장할 수 없다[상법 제638조의3 제1항, 약관의 규제에 관한 법률 제3조 제3항, 제4항]. 이와 같은 설명의무 위반으로 보험약관의 전부 또는 일부의 조항이 보험계약의 내용으로 되지 못하는 경우 보험계약은 나머지 부분만으로 유효하게 존속하고, 다만 유효한 부분만으로는 보험계약의 목적 달성이 불가능하거나 그 유효한 부분이 한쪽 당사자에게 부당하게 불리한 경우에는 그 보험계약은 전부 무효가 된다(약관규제법 제16조). 그리고 나머지 부분만으로 보험계약이 유효하게 존속하는 경우에 보험계약의 내용은 나머지 부분의 보험약관에 대한 해석을 통하여 확정되어야 하고, 만일 보험계약자가 확정된 보험계약의 내용과 다른 내용을 보험계약의 내용으로 주장하려면 보험자와 사이에 다른 내용을 보험계약의 내용으로 하기로 하는 합의가 있었다는 사실을 증명하여야 한다(약관규제법 제4조).

〈대법원 2015. 11. 17. 선고 2014다81542 판결〉

6. 약관의 규제

가. 불공정약관조항의 사용금지

사업자는 약관규제법 제6조부터 제14조까지의 규정에 해당하는 불공정한 약관 조항(이하 "불공정약관조항"이라 한다)을 계약의 내용으로 하여서는 아니 된다(약관규제법 제17조).

나. 시정조치

공정거래위원회는 사업자가 제17조를 위반한 경우에는 사업자에게 해당 불공정약관조항의 삭제·수정 등 시정에 필요한 조치를 권고할 수 있다.

공정거래위원회는 제17조를 위반한 사업자가 다음의 어느 하나에 해당하는 경우에는 사업자에게 해당 불공정약관조항의 삭제·수정, 시정명령을 받은 사실의 공표, 그 밖에 약관을 시정하기 위하여 필요한 조치를 명할 수 있다(약관규제법 제17조의2 제1항 및 제2항).

첫째, 사업자가 「독점규제 및 공정거래에 관한 법률」 제2조 제3호의 시장지배적사업자인 경우

둘째, 사업자가 자기의 거래상의 지위를 부당하게 이용하여 계약을 체결하는 경우

셋째, 사업자가 일반 공중에게 물품·용역을 공급하는 계약으로서 계약 체결의 긴급성·신속성으로 인하여 고객이 계약을 체결할 때에 약관 조항의 내용을 변경하기 곤란한 경우

넷째, 사업자의 계약 당사자로서의 지위가 현저하게 우월하거나 고객이 다른 사업자를 선택할 범위가 제한되어 있어 약관을 계약의 내용으로 하는 것이 사실상 강제되는 경우

다섯째, 계약의 성질상 또는 목적상 계약의 취소·해제 또는 해지가 불가능하거나 계약을 취소·해제 또는 해지하면 고객에게 현저한 재산상의 손해가 발생하는 경우

여섯째, 사업자가 제1항에 따른 권고를 정당한 사유 없이 따르지 아니하여 여러 고객에게 피해가 발생하거나 발생할 우려가 현저한 경우이다.

　　나아가 공정거래위원회는 제1항 및 제2항에 따른 시정권고 또는 시정명령을 할 때 필요하면 해당 사업자와 같은 종류의 사업을 하는 다른 사업자에게 같은 내용의 불공정약관조항을 사용하지 말 것을 권고할 수 있다(약관규제법 제17조의2 제3항).

다. 관청 인가 약관 등에 대한 시정

　　공정거래위원회는 행정관청이 작성한 약관이나 다른 법률에 따라 행정관청의 인가를 받은 약관이 제6조부터 제14조까지의 규정에 해당된다고 인정할 때에는 해당 행정관청에 그 사실을 통보하고 이를 시정하기 위하여 필요한 조치를 하도록 요청할 수 있다.

　　공정거래위원회는 「은행법」에 따른 은행의 약관이 제6조부터 제14조까지의 규정에 해당된다고 인정할 때에는 「금융위원회의 설치 등에 관한 법률」에 따라 설립된 금융감독원에 그 사실을 통보하고 이를 시정하기 위하여 필요한 조치를 권고할 수 있다.

　　제1항에 따라 행정관청에 시정을 요청한 경우 공정거래위원회는 제17조의2 제1항 및 제2항에 따른 시정권고 또는 시정명령은 하지 아니한다(약관규제법 제18조 제1항 내지 제3항).

라. 약관의 심사청구

　　불공정약관으로 인하여 불이익을 당하는 소비자나 소비자단체 등은 부당약관 여부를 심사청구할 수 있다. 즉, 다음의 자는 약관 조항이 이 법에 위반되는지 여부에 관한 심사를 공정거래위원회에 청구할 수 있다(약관규제법 제19조 제1항 제1호 내지 제4호).

　　첫째, 약관의 조항과 관련하여 법률상의 이익이 있는 자

　　둘째, 「소비자기본법」 제29조에 따라 등록된 소비자단체

　　셋째, 「소비자기본법」 제33조에 따라 설립된 한국소비자원

　　넷째, 사업자단체이다.

　　약관의 심사청구는 공정거래위원회에 서면이나 전자문서로 제출하여야 한다(약관규제법 제19조 제2항).

공정거래위원회는 심사대상인 약관 조항이 변경된 때에는 직권으로 또는 심사청구인의 신청에 의하여 심사대상을 변경할 수 있다(약관규제법 제19조의2).

마. 표준약관

사업자 및 사업자단체는 건전한 거래질서를 확립하고 불공정한 내용의 약관이 통용되는 것을 방지하기 위하여 일정한 거래 분야에서 표준이 될 약관의 제정·개정안을 마련하여 그 내용이 이 법에 위반되는지 여부에 관하여 공정거래위원회에 심사를 청구할 수 있다.

「소비자기본법」 제29조에 따라 등록된 소비자단체 또는 같은 법 제33조에 따라 설립된 한국소비자원(이하 "소비자단체등"이라 한다)은 소비자 피해가 자주 일어나는 거래 분야에서 표준이 될 약관을 제정 또는 개정할 것을 공정거래위원회에 요청할 수 있다(약관규제법 제19조의3 제1항 및 제2항).

공정거래위원회는 다음의 어느 하나에 해당하는 경우에 사업자 및 사업자단체에 대하여 표준이 될 약관의 제정·개정안을 마련하여 심사 청구할 것을 권고할 수 있다(약관규제법 제19조의3 제3항).

첫째, 소비자단체등의 요청이 있는 경우

둘째, 일정한 거래 분야에서 여러 고객에게 피해가 발생하거나 발생할 우려가 있는 경우에 관련 상황을 조사하여 약관이 없거나 불공정약관조항이 있는 경우

셋째, 법률의 제정·개정·폐지 등으로 약관을 정비할 필요가 발생한 경우이다.

공정거래위원회는 사업자 및 사업자단체가 제3항의 권고를 받은 날부터 4개월 이내에 필요한 조치를 하지 아니하면 관련 분야의 거래 당사자 및 소비자단체등의 의견을 듣고 관계 부처의 협의를 거쳐 표준이 될 약관을 제정 또는 개정할 수 있다.

공정거래위원회는 제1항 또는 제4항에 따라 심사하거나 제정·개정한 약관(이하 "표준약관"이라 한다)을 공시(公示)하고 사업자 및 사업자단체에 표준약관을 사용할 것을 권장할 수 있다.

공정거래위원회로부터 표준약관의 사용을 권장받은 사업자 및 사업자단체는 표준약관과 다른 약관을 사용하는 경우 표준약관과 다르게 정한 주요 내용을 고

객이 알기 쉽게 표시하여야 한다.

공정거래위원회는 표준약관의 사용을 활성화하기 위하여 표준약관 표지(標識)를 정할 수 있고, 사업자 및 사업자단체는 표준약관을 사용하는 경우 공정거래위원회가 고시하는 바에 따라 표준약관 표지를 사용할 수 있다.

사업자 및 사업자단체는 표준약관과 다른 내용을 약관으로 사용하는 경우 표준약관 표지를 사용하여서는 아니 된다.

사업자 및 사업자단체가 제8항을 위반하여 표준약관 표지를 사용하는 경우 표준약관의 내용보다 고객에게 더 불리한 약관의 내용은 무효로 한다(약관규제법 제19조의3 제4항 내지 제9항).

바. 법 위반의 조사

공정거래위원회는 다음의 어느 하나의 경우 약관이 이 법에 위반된 사실이 있는지 여부를 확인하기 위하여 필요한 조사를 할 수 있다(약관규제법 제20조 제1항).

첫째, 제17조의2 제1항 또는 제2항에 따른 시정권고 또는 시정명령을 하기 위하여 필요하다고 인정되는 경우

둘째, 제19조에 따라 약관의 심사청구를 받은 경우이다.

제1항에 따라 조사를 하는 공무원은 그 권한을 표시하는 증표를 지니고 이를 관계인에게 내보여야 한다(약관규제법 제20조 제2항).

사. 의견진술 기회의 부여

공정거래위원회는 약관의 내용이 이 법에 위반되는지 여부에 대하여 심의하기 전에 그 약관에 따라 거래를 한 사업자 또는 이해관계인에게 그 약관이 심사 대상이 되었다는 사실을 알려야 한다.

제1항에 따라 통지를 받은 당사자 또는 이해관계인은 공정거래위원회의 회의에 출석하여 의견을 진술하거나 필요한 자료를 제출할 수 있다.

공정거래위원회는 심사 대상이 된 약관이 다른 법률에 따라 행정관청의 인가를 받았거나 받아야 할 것인 경우에는 심의에 앞서 그 행정관청에 의견을 제출하도록 요구할 수 있다(약관규제법 제22조 제1항 내지 제3항).

아. 불공정약관조항의 공개

공정거래위원회는 이 법에 위반된다고 심의·의결한 약관 조항의 목록을 인터넷 홈페이지에 공개하여야 한다(약관규제법 제23조).

7. 약관분쟁의 조정

가. 약관 분쟁조정협의회의 설치 및 구성

제17조를 위반한 약관 또는 이와 비슷한 유형의 약관으로서 대통령령으로 정하는 약관과 관련된 분쟁을 조정하기 위하여 「독점규제 및 공정거래에 관한 법률」 제72조 제1항에 따른 한국공정거래조정원(이하 "조정원"이라 한다)에 약관분쟁조정협의회(이하 "협의회"라 한다)를 둔다(약관규제법 제24조 제1항).

협의회는 위원장 1명을 포함한 9명의 위원으로 구성하며, 위원장은 상임으로 한다. 협의회 위원장은 조정원의 장의 제청으로 공정거래위원회 위원장이 위촉한다. 협의회 위원장이 사고로 직무를 수행할 수 없을 때에는 협의회의 위원장이 지명하는 협의회 위원이 그 직무를 대행한다(약관규제법 제24조 제2항 내지 제4항).

협의회 위원은 약관규제·소비자 분야에 경험 또는 전문지식이 있는 사람으로서 다음의 어느 하나에 해당하는 사람 중에서 조정원의 장의 제청으로 공정거래위원회 위원장이 임명하거나 위촉한다(약관규제법 제24조 제5항 제1호 내지 제4호).

첫째, 공정거래 및 소비자보호 업무에 관한 경험이 있는 4급 이상 공무원(고위공무원단에 속하는 일반직공무원을 포함한다)의 직에 있거나 있었던 사람

둘째, 판사·검사 직에 있거나 있었던 사람 또는 변호사의 자격이 있는 사람

셋째, 대학에서 법률학·경제학·경영학 또는 소비자 관련 분야 학문을 전공한 사람으로서 「고등교육법」 제2조 제1호·제2호·제4호 또는 제5호에 따른 학교나 공인된 연구기관에서 부교수 이상의 직 또는 이에 상당하는 직에 있거나 있었던 사람

넷째, 그 밖에 기업경영, 소비자권익 및 분쟁조정과 관련된 업무에 관한 학

식과 경험이 풍부한 사람이다.

협의회 위원의 임기는 3년으로 하되, 연임할 수 있다. 협의회 위원 중 결원이 생긴 때에는 제5항에 따라 보궐위원을 위촉하여야 하며, 그 보궐위원의 임기는 전임자의 남은 임기로 한다. 협의회의 회의 등 업무지원을 위하여 별도 사무지원 조직을 조정원 내에 둔다(약관규제법 제24조 제6항 내지 제8항).

나. 분쟁조정의 신청 등

제17조를 위반한 약관 또는 이와 비슷한 유형의 약관으로서 대통령령으로 정하는 약관으로 인하여 피해를 입은 고객은 대통령령으로 정하는 사항을 기재한 서면(이하 "분쟁조정 신청서"라 한다)을 협의회에 제출함으로써 분쟁조정을 신청할 수 있다. 다만, 다음의 어느 하나에 해당하는 경우에는 그러하지 아니하다(약관규제법 제27조 제1항 제1호 내지 제5호).

첫째, 분쟁조정 신청이 있기 이전에 공정거래위원회가 조사 중인 사건

둘째, 분쟁조정 신청의 내용이 약관의 해석이나 그 이행을 요구하는 사건

셋째, 약관의 무효판정을 요구하는 사건

넷째, 그 밖에 분쟁조정에 적합하지 아니한 것으로 대통령령으로 정하는 사건이다.

공정거래위원회는 제1항에 따른 분쟁조정을 협의회에 의뢰할 수 있다. 협의회는 제1항에 따라 분쟁조정 신청서를 접수하거나 제2항에 따라 분쟁조정을 의뢰받은 경우에는 즉시 분쟁당사자에게 통지하여야 한다(약관규제법 제27조 제2항 및 제3항).

다. 조정의 절차와 효력

협의회는 분쟁당사자에게 분쟁조정사항을 스스로 조정하도록 권고하거나 조정안을 작성하여 이를 제시할 수 있다. 협의회는 해당 분쟁조정사항에 관한 사실을 확인하기 위하여 필요한 경우 조사를 하거나 분쟁당사자에게 관련 자료의 제출이나 출석을 요구할 수 있다(약관규제법 제27조의2 제1항 및 제2항).

협의회는 제27조 제1항 각 호의 어느 하나에 해당하는 사건에 대하여는 조정신청을 각하하여야 한다(약관규제법 제27조의2 제3항).

협의회는 다음의 어느 하나에 해당하는 경우에는 조정절차를 종료하여야 한다(약관규제법 제27조의2 제4항 제1호 내지 제3호).

첫째, 분쟁당사자가 협의회의 권고 또는 조정안을 수락하거나 스스로 조정하는 등 조정이 성립된 경우

둘째, 조정을 신청 또는 의뢰받은 날부터 60일(분쟁당사자 쌍방이 기간연장에 동의한 경우에는 90일로 한다)이 경과하여도 조정이 성립되지 아니한 경우

셋째, 분쟁당사자의 일방이 조정을 거부하는 등 조정절차를 진행할 실익이 없는 경우이다.

협의회는 제3항에 따라 조정신청을 각하하거나 제4항에 따라 조정절차를 종료한 경우에는 대통령령으로 정하는 바에 따라 공정거래위원회에 조정신청 각하 또는 조정절차 종료의 사유 등과 관계 서류를 서면으로 지체 없이 보고하여야 하고 분쟁당사자에게 그 사실을 통보하여야 한다(약관규제법 제27조의2 제5항).

라. 약관분쟁조정과 소송과의 관계

제27조 제1항에 따라 분쟁조정이 신청된 사건에 대하여 신청 전 또는 신청 후 소가 제기되어 소송이 진행 중일 때에는 수소법원(受訴法院)은 조정이 있을 때까지 소송절차를 중지할 수 있다. 협의회는 제1항에 따라 소송절차가 중지되지 아니하는 경우에는 해당 사건의 조정절차를 중지하여야 한다. 협의회는 조정이 신청된 사건과 동일한 원인으로 다수인이 관련되는 동종·유사 사건에 대한 소송이 진행 중인 경우에는 협의회의 결정으로 조정절차를 중지할 수 있다(약관규제법 제27조의3 제1항 내지 제3항).

마. 조정조서의 작성과 그 효력

협의회는 분쟁조정사항의 조정이 성립된 경우 조정에 참가한 위원과 분쟁당사자가 기명날인하거나 서명한 조정조서를 작성한다. 이 경우 분쟁당사자 간에 조정조서와 동일한 내용의 합의가 성립된 것으로 본다.

협의회는 조정절차를 개시하기 전에 분쟁당사자가 분쟁조정사항을 스스로 조정하고 조정조서의 작성을 요청하는 경우에는 그 조정조서를 작성한다(약관규제법 제28조 제1항 및 제2항).

바. 집단분쟁조정의 특례

제27조 제1항에도 불구하고 공정거래위원회, 고객 또는 사업자는 제28조에 따라 조정이 성립된 사항과 같거나 비슷한 유형의 피해가 다수 고객에게 발생할 가능성이 크다고 판단한 경우로서 대통령령으로 정하는 사건에 대하여는 협의회에 일괄적인 분쟁조정(이하 "집단분쟁조정"이라 한다)을 의뢰하거나 신청할 수 있다(약관규제법 제28조의2 제1항).

제1항에 따라 집단분쟁조정을 의뢰받거나 신청받은 협의회는 협의회의 의결로서 제3항부터 제7항까지의 규정에 따른 집단분쟁조정의 절차를 개시할 수 있다. 이 경우 협의회는 분쟁조정된 사안 중 집단분쟁조정신청에 필요한 사항에 대하여 대통령령으로 정하는 방법에 따라 공표하고, 대통령령으로 정하는 기간 동안 그 절차의 개시를 공고하여야 한다(약관규제법 제28조의2 제2항).

협의회는 집단분쟁조정의 당사자가 아닌 고객으로부터 그 분쟁조정의 당사자에 추가로 포함될 수 있도록 하는 신청을 받을 수 있다. 협의회는 협의회의 의결로써 제1항 및 제3항에 따른 집단분쟁조정의 당사자 중에서 공동의 이익을 대표하기에 가장 적합한 1인 또는 수인을 대표당사자로 선임할 수 있다. 협의회는 사업자가 협의회의 집단분쟁조정의 내용을 수락한 경우에는 집단분쟁조정의 당사자가 아닌 자로서 피해를 입은 고객에 대한 보상계획서를 작성하여 협의회에 제출하도록 권고할 수 있다. 협의회는 집단분쟁조정의 당사자인 다수의 고객 중 일부의 고객이 법원에 소를 제기한 경우에는 그 절차를 중지하지 아니하고 소를 제기한 일부의 고객은 그 절차에서 제외한다(약관규제법 제28조의2 제2항 내지 제6항).

집단분쟁조정의 기간은 제2항에 따른 공고가 종료된 날의 다음 날부터 기산한다. 집단분쟁조정의 절차 등에 관하여 필요한 사항은 대통령령으로 정한다. 조정원은 집단분쟁조정 대상 발굴, 조정에 의한 피해구제 사례 연구 등 집단분쟁조정 활성화에 필요한 연구를 하며, 연구결과를 인터넷 홈페이지에 공개한다(약관규제법 제28조의2 제7항 내지 제9항).

제6절 | 제조물책임법

1. 법의 목적과 적용범위

가. 법의 목적

제조물책임법은 제조물의 결함으로 발생한 손해에 대한 제조업자 등의 손해배상책임을 규정함으로써 피해자 보호를 도모하고 국민생활의 안전 향상과 국민경제의 건전한 발전에 이바지함을 목적으로 한다.

기획재정부(당시 재정경제부)는 제조물책임법(이하 '동법'이라 한다)을 법무부와 공동으로 입법 추진하기로 하고, 유예기간을 1년으로 설정하는 것 등을 주요내용으로 하는 제조물책임법안을 마련하여 1999년 7월 13일부터 입법예고하였으며, 관계부처와의 협의와 이해관계자들의 의견을 폭넓게 수렴한 후, 정부안을 확정하여 1999년 9월 정기국회에 법안을 제출할 계획이었다.

그러나 새정치국민회의에서 동법을 의원입법으로 제정키로 함에 따라 정부안은 철회되었고 의원입법안이 1999년 11월 5일에 국회에 제출되었으며, 1999년 12월 16일에 국회 본회의를 통과하여 2000년 1월 12일에 공포(법률 제6109호)되었고, 동법 부칙의 규정에 따라 2002년 7월 1일부터 시행하도록 되어 있다.

나. 법의 적용범위

(1) 제조물

제조물책임법의 적용되는 제조물은 제조되거나 가공된 동산(다른 동산이나 부동산의 일부를 구성하는 경우를 포함한다)을 말한다.[7]

"동산"이라 함은 우리 민법상의 동산으로 "부동산이외의 물건"(민법 제99조 제2항)을 말하며, 민법상 물건은 "유체물 및 전기 기타 관리할 수 있는 자연력"을 말한다(민법 제98조).

"제조"라 함은 제조물의 설계, 가공, 검사, 표시를 포함한 일련의 행위로서 일반적으로는 "원재료에 손을 더하여 새로운 물품을 만드는 것으로서 생산보다

---

7) 제조물책임법에서의 내용은 주로 최병록, 개정 제조물책임법, 박영사, 2019에서 인용하였음을 밝힌다.

는 좁은 개념이며 이른바 제2차 산업에 관계가 있는 생산행위를 가리키며 1차 생산품의 산출, 서비스의 제공에는 사용되지 않는다."는 것을 나타내고 있다. 또한 "가공"이라 함은 "동산을 재료로 하여 이것에 공작을 더하여 그 본질은 유지되면서 새로운 속성을 부가하거나 가치를 덧붙이는 것"을 말한다.

따라서 본법이 적용되는 '제조물'이라 함은 다음과 같은 요건에 해당하는 것이다.

첫째, 관리할 수 있는 유체물과 자연력이 해당한다. 유체물이라 함은 일반적으로 공간의 일부를 점하는 유형적 존재(분자가 존재하는 물질)이라고 되어 있다. 분자가 존재하지 않는 전기, 음향, 광선, 열, 물의 운동은 무체물이지만 관리가 가능하면 대상이 된다. 그러나 소프트웨어, 서비스는 물론 대상이 되지 않는다.

둘째, 동산이어야 한다. 이 법률에서는 부동산은 대상으로 되지 않는다. 부동산이라 함은 토지 및 그 정착물을 말한다(민법 제99조). 또한 제조물인가 여부는 유통된 시점에서 책임주체마다 판단한다. 사고 시에 부동산의 일부로 되었던 동산이더라도 인도된 시점에서 동산이고 당해 결함과 발생한 손해와의 사이에 상당인과관계가 있는 경우에는 당해 동산의 제조업자 등은 제조물책임을 부담하게 된다.

셋째, 제조 또는 가공된 동산이어야 한다. 제1차 산업이나 제3차 산업에 있어서 생산행위에는 '제조 또는 가공' 특히 '가공'에 해당하는가 여부를 간단하게는 판단할 수 없는 경우가 있을 수 있지만 가공인가 미가공인가의 판단은 구체적으로는 개개의 사안에 따라 당해 제조물에 덧붙여진 행위를 평가하는 등으로 결정된다.

(2) 책임요건으로서 결함

결함이란 해당 제조물에 제조상·설계상 또는 표시상의 결함이 있거나 그 밖에 통상적으로 기대할 수 있는 안전성이 결여되어 있는 것을 말한다.

첫째, "제조상의 결함"이란 제조업자가 제조물에 대하여 제조상·가공상의 주의의무를 이행하였는지에 관계없이 제조물이 원래 의도한 설계와 다르게 제조·가공됨으로써 안전하지 못하게 된 경우를 말한다.

둘째, "설계상의 결함"이란 제조업자가 합리적인 대체설계(代替設計)를 채용하였더라면 피해나 위험을 줄이거나 피할 수 있었음에도 대체설계를 채용하지 아니하여 해당 제조물이 안전하지 못하게 된 경우를 말한다.

셋째, "표시상의 결함"이란 제조업자가 합리적인 설명·지시·경고 또는 그 밖의 표시를 하였더라면 해당 제조물에 의하여 발생할 수 있는 피해나 위험을 줄이거나 피할 수 있었음에도 이를 하지 아니한 경우를 말한다.

넷째, "기타 유형의 결함"이란 통상적으로 기대할 수 있는 안전성이 결여되어 있는 것을 말한다.

㈎ 제조상의 결함

제조상의 결함이라 함은 제조업자의 제조물에 대한 제조·가공상의 주의의무의 이행여부에 불구하고 제조물이 원래 의도한 설계와 다르게 제조·가공됨으로써 안전하지 못하게 된 경우를 말한다. 설계도면대로 제품이 생산되지 아니한 경우를 말하며, 제조과정에 이물질이 혼입된 식품이나, 자동차에 부속품이 빠져 있는 경우에 제조상의 결함에 해당하게 된다.

이른바 제조물책임이란 제조물에 통상적으로 기대되는 안전성을 결여한 결함으로 인하여 생명·신체나 제조물 그 자체 외의 다른 재산에 손해가 발생한 경우에 제조업자 등에게 지우는 손해배상책임이고, 제조물에 상품적합성이 결여되어 제조물 그 자체에 발생한 손해는 제조물책임이론의 적용 대상이 아니다.[8]

㈏ 설계상의 결함

설계상의 결함이라 함은 제조업자가 합리적인 대체설계를 채용하였더라면 피해나 위험을 줄이거나 피할 수 있었음에도 대체설계를 채용하지 아니하여 당해 제조물이 안전하지 못하게 된 경우를 말한다. 설계도면대로 제품이 생산되었지만 설계자체가 안전설계가 되지 아니한 경우를 말하며, 예컨대 녹즙기에 어린이들의 손가락이 잘려 나간 경우처럼 설계자체에서 안전성이 결여된 것이다.

㈐ 표시상의 결함

표시상의 결함이라 함은 제조업자가 합리적인 설명·지시·경고 기타의 표시를 하였더라면 당해 제조물에 의하여 발생될 수 있는 피해나 위험을 줄이거나 피할 수 있었음에도 이를 하지 아니한 경우를 말한다. 제조상의 결함과 설계상의 결함이 제조물 자체의 결함이라고 한다.면 표시상의 결함은 제조물 자체에 존재하는 결함이 아니라고 할 수 있다. 제품을 사용하는데 있어서 올바로 사용

---

8) 대법원 1999. 2. 5. 선고 97다26593 판결.

할 수 있도록 하는 설명이나 지시 또는 제조물에 있는 위험성에 대하여 경고를 하지 아니하여 피해가 발생하였을 경우에는 표시상의 결함이 된다. 이를 지시·경고상의 결함이라고도 한다.

㈖ 기타 유형의 결함

본법에서는 이상과 같은 세 가지 유형의 결함 이외에 「기타 통상적으로 기대할 수 있는 안전성이 결여되어 있는 것을 말한다.」라고 정의를 하여 포괄적으로 결함의 가능성을 염두에 두고 있다.

외국의 입법례를 보면 결함의 유무에 대한 고려사항을 명확히 하여 소비자와 기업 쌍방의 예측가능성이나 투명성을 높이고, 제품의 안전성 향상에 유용하도록 하기 위해 결함판단에 있어서의 고려사항을 예시하고 있다. 일본의 제조물책임법에서는 결함개념의 명확화와 쟁점의 확산(증명부담의 증가) 방지에 의한 피해자구제의 원활한 조정 등을 고려하여, ① 당해 제조물의 성질, 사용방법 등에 대한 설명, 지시·경고 기타의 표시, ② 합리적으로 예상할 수 있는 당해 제조물의 사용, ③ 제조업자 등이 당해 제조물을 유통시킨 시기의 3가지 요소를 예시하고 있다.

(3) 책임주체

제조물책임을 지는 제조업자는 첫째, 제조물의 제조·가공 또는 수입을 업(業)으로 하는 자, 둘째, 제조물에 성명·상호·상표 또는 그 밖에 식별(識別) 가능한 기호 등을 사용하여 자신을 가목의 자로 표시한 자 또는 가목의 자로 오인(誤認)하게 할 수 있는 표시를 한 자를 말한다.

㈎ 제조업자·가공업자 및 수입업자

본법에서는 책임주체를 제조·가공 또는 수입을 「업으로」 하는 자를 들고 있다. 이것은 제조물책임이 공업적인 대량생산·대량소비라는 형태가 일반적인 점을 배경으로 하여 발전된 법리라는 점에 기한 것이다. 「업으로」라 함은 동종의 행위를 반복·계속하여 하는 것을 말한다. 어떤 기간 계속할 의도를 가지고 행한 것이라면 최초의 행위도 업으로서 한 것으로 해석된다. 또한 동종의 행위가 반복·계속해서 행하게 되면 영리를 목적으로 행해질 필요는 없고, 예컨대 시공품과 같이 당초부터 무상으로 배부할 것을 예정하고 있는 제조물이더라도 무상이지만 본법에서 규정하는 손해배상책임의 대상에서 제외된다고는 해석되지

않으며, 공익을 목적으로 한 행위이더라고 동종의 행위가 반복·계속해서 행해지
게 되면 「업으로」에 해당하는 것으로 해석된다.

(나) 표시제조업자와 오인 표시제조업자

제3호 나목에 해당하는 자는 제조물의 명칭·상호·상표 기타 식별가능한 기
호 등을 사용하여 자신을 가목의 제조·가공 또는 수입을 업으로 하는 자로 표시
거나 가목의 제조·가공 또는 수입을 업으로 하는 자로 오인시킬 수 있는 표시를
한 자를 말한다. 구체적으로는 「제조원△△△」, 「수입원△△△」 등의 이름으로
자기의 이름 등을 붙인 경우나, 특히 이름을 붙이지 않고 자기의 이름 등을 붙
이는 경우가 해당된다. 이러한 자는 스스로 제조 또는 수입을 하지 않은 경우에
도 제조업자 또는 수입업자로서 표시를 하거나 명백하게 그것으로 오인하도록
표시를 하는 경우를 통해서 제조업자로서의 신뢰를 주고 그러한 사실이 인정되
는 이상은 신뢰책임의 관점에서 그 제조물의 안전성에 대하여 보증할 책임을 져
야 할 것이라는 견해에서 본법의 책임주체로 하고 있는 것이다.

또한 실질적인 제조업자로 인정할 수 있는 표시를 한 자 예컨대 「판매원△
△△」, 「판매업자△△△」 등의 이름으로 자기의 이름 등을 표시한 경우이더라
도 당해 표시자가 해당 제조물과 동종의 제조물 제조업자로서 사회적으로 인지
되고 있으며 당해 제조물을 독점판매하고 있는 경우에도 여기에 해당한다.

(다) 공급업자의 책임

공급업자(판매업자 등)는 결함을 창출하여 자기의 의사를 가지고 시장에 제
조물을 공급한다고는 할 수 없고 또한 일반적으로 판매업자에게 제조업자와 똑
같은 책임을 부담시키는 것은 적당하지 않기 때문에 제조물책임법에서는 당시
EC지침처럼 예외적으로 판매업자에게 보충적인 책임을 지도록 규정하였다. 이것
은 최종적인 배상의무자 이어야 할 제조업자가 불분명한 경우에는 공급업자에게
책임을 지우도록 하기 위한 수단으로 둔 정책적인 규정이라고 해석되고 있다.

개정 전의 제조물책임법(제3조 제2항)에서는 피해자가 제조업자를 알 수 없
는 경우에 공급업자에게 책임을 묻기 위해서는 "제조물의 제조업자 또는 제조물
을 자신에게 공급한 자를 알거나 알 수 있었음에도 불구하고 상당한 기간 내에
그 제조업자나 공급한 자를 피해자 또는 그 법정대리인에게 고지(告知)하지 아니
한 경우"를 소비자가 증명하여야 공급업자에게 책임을 물을 수 있었다.

그러나 개정된 제3조 제3항에서는 "피해자가 제조물의 제조업자를 알 수 없는 경우에 그 제조물을 영리 목적으로 판매·대여 등의 방법으로 공급한 자는 제1항에 따른 손해를 배상하여야 한다. 다만, 피해자 또는 법정대리인의 요청을 받고 상당한 기간 내에 그 제조업자 또는 공급한 자를 그 피해자 또는 법정대리인에게 고지(告知)한 때에는 그러하지 아니하다."라고 규정하였다. 이는 개정 전 법률과 비교할 때, 피해자가 제조업자를 알 수 없는 경우에 공급업자(유통업체 등)가 제조업자를 알았거나 알 수 있었는지 여부와 관계없이 원칙적으로 배상책임을 부담하도록 하였다. 다만, 피해자의 요청을 받고 상당한 기간 내에 제조업자(또는 공급업자 자신에게 공급한 자)를 피해자에게 고지하면 공급업자는 손해배상책임을 면한다. 이는 공급업자가 불분명한 제조물을 판매·유통하지 않도록 공급업자의 책임을 강화하여 소비자안전을 확보하려는 취지이다.

한편, 이 조항에서 '상당한 기간'이라 함은 피해자가 공급업자에 대하여 제조업자가 누구인지를 고지할 것을 요청하거나, 손해배상을 요구한 날부터 공급업자가 고지하는 데 필요한 합리적인 기간을 말하는 것으로서 이를 둘러싼 해석상의 논란이 있을 수 있는 것으로 보여진다. 입법례로는 EC지침과 영국은 "합리적 기간"으로, 독일은 1개월로 규정하고 있다.

2. 제조물책임의 책임원칙

가. 과실책임에서 결함책임으로 변경

제조업자는 제조물의 결함으로 생명·신체 또는 재산에 손해(그 제조물에 대하여만 발생한 손해는 제외한다)를 입은 자에게 그 손해를 배상하여야 한다. 본 조는 제조업자 등이 지는 제조물책임의 책임근거규정이며 고의 또는 과실을 책임요건으로 하는 민법의 불법행위책임(민법 제750조)에 대한 특칙으로서 결함을 책임요건으로 하는 손해배상책임을 규정한 것이다.

나. 손해배상의 범위

불법행위에 의한 손해배상의 범위에 대해서 판례는 채무불이행에 의한 손해배상 관련 규정(민법 제393조)을 유추적용한다는 견해를 채용하고 있으며 실무상

에서도 이 견해에 따른 처리가 이루어지고 있다. 민법 제393조 규정의 기본견해
는 개개의 사안마다 피해자가 입은 손해가 통상손해(통상 발생한 손해)인가 특별
손해(특별한 사정에 의해 발생한 손해)인가를 검토해서 통상손해에 해당하는 경우
에는 당연히 배상의 범위에 포함되며 특별손해에 해당하는 경우에는 불법행위시
에 그 손해의 발생에 대하여 예견가능성이 있었는가 여부를 판단하여 예견가능
성이 있었던 경우에 배상을 인정한다는 것이다.

　본법은 확대손해가 발생하지 않은 경우의 제조물자체의 손해는 손해배상의
대상으로 하지 않는다. 제조물책임제도는 제조물이 통상 갖추어야 할 안전성을
결하고 있기 때문에 그 위험의 발현에 의해 소비자 또는 제3자의 「생명·신체·
재산」에 대한 확대손해가 발생한 경우에 손해배상책임을 인정하려고 하는 것이
며 이러한 사고는 역사적으로 확대손해의 전보를 목적으로 발전되어온 제조물책
임의 연혁에 연유하는 것이다.

　만약 확대손해가 발생하지 않고 당해 제품의 결함에 의해 발생한 손해가 그
제품자체에만 그치는 경우와 품질상의 하자가 있는 데 지나지 않는 경우에도 부
당한 클레임을 남용할 우려가 있으므로 이러한 경우에는 하자담보책임이나 채무
불이행책임에 의한 구제에 맡기고 제조물책임의 대상에서 제외하는 것이 타당하
다고 본다. 다만 일단 확대손해가 발생한 경우에는 확대손해는 결함책임에 의하
고 결함제품자체의 손해는 계약책임에 의해 처리한다면 청구의 상대방이 증명해
야하는 책임요건이 각각 다르게 되어 피해자의 부담이 과대하게 될 우려가 있
다. 그러므로 이 경우에는 불법행위제도의 기본원칙에 따라 제조물자체의 손해
도 배상의 대상으로 하는 것이 타당할 것이다.

㈎ 정신적 손해

　종래의 판례실무에 따라서 정신적손해도 당연히 손해배상이 대상에 포함된
다. 또한 민법상의 불법행위 책임원칙 하에서는 타당한 손해배상을 실현하기 위
해 위자료가 중요한 역할을 수행하고 있으므로 제조물책임에 있어서도 위자료는
종전의 판례·실무에 따라 인정된다고 생각된다.

㈏ 사업용 재산의 손해

　제조물책임을 도입하는 근거(신뢰책임, 위험책임, 보상책임)에 비추어 생각하면
제품사고의 피해자가 사업자(법인을 포함)인 경우 또는 피해의 대상이 사업용 재

산인 경우에도 현행의 불법행위에 기한 손해배상의 경우와 달리 취급해야 할 합리적인 근거는 찾아보기 어렵다. 또한 피해의 대상이 사업용 재산인가 여부는 피해자 측의 사정이며 불법행위에 대한 배상책임이 피해자의 주관적 사정에 의해 좌우되는 것은 법 이론상 합리적이지 않다. 따라서 과실책임 대신에 결함책임이 도입된 경우이더라도 제조물의 결함과 손해 발생 사이에 상당한 인과관계가 존재할 경우에는 사업자에게 발생한 손해 또는 사업용 재산에 발생한 손해도 배상의 대상이 된다.

외국의 손해배상책임의 범위와 관련하여 외국은 배상최고한도액과 배상면책액을 두고 있는 경우가 있다. 독일은 배상최고한도액으로 1억 6,000만 마르크를 두고 있다. 그리고 배상대상최저액, 즉 면책액으로 영국은 275파운드, 독일은 1,125마르크를 두는 규정이 있는 점에서 우리나라는 그러한 별도의 규정을 두지 않고 있다.

3. 징벌적 손해배상제도

징벌적 손해배상(punitive damages)이란 피해자가 실제로 입은 손해(actual damage)를 배상하는 통상의 전보적 손해배상(compensatory damages)에서 더 나아가 특정한 유형의 불법행위에 있어서 전보적 손해배상에 더하여 추가로 손해배상을 지우는 것을 말한다.

우리나라의 경우에는 징벌적 손해배상이 불법행위에 대한 손해배상에서 일반적으로 인정되고 있는 것은 아니지만 판례법을 통하여 징벌적 손해배상을 확립한 영국을 비롯하여 미국, 캐나다 등 여러 영미법계 국가에서는 징벌적 손해배상이 인정되고 있다.

이러한 징벌적 손해배상은 영미법계에서 인정되던 것이어서, 민사와 형사를 엄격하게 구분하고 있는 우리나라의 법체계에는 부합하지 않는다는 등의 지적도 일부 있다.

그러나 2011년 「하도급거래 공정화에 관한 법률」에서 징벌적 손해배상제도의 도입을 시작으로 특정분야의 개별 법률에서 도입하는 경우가 늘어나고 있다. 우리나라 개별 법률에서 징벌적 손해배상제도를 도입하고 있는 현황을 살펴보면 아래의 표와 같다.

〈우리나라의 징벌적 손해배상제도 도입현황〉

법률명	책임주체	행위유형	배상범위	도입
하도급거래 공정화에 관한 법률	원사업자	− 부당한 대금결정 − 부당한 위탁취소 − 부당반품·부당감액 − 기술자료 유용	3배이내	2011
기간제 및 단시간근로자 보호 등에 관한 법률	사용자	− 차별적 처우 (명백한 고의 또는 반복된 행위)	3배이내	2014
신용정보의 이용 및 보호에 관한 법률	신용정보 회사 등	− 개인신용정보의 누설, 분실· 도난·누출·변조 또는 훼손	5배이내	2015
개인정보보호법	개인정보 처리자	− 개인정보의 분실·도난· 유출·위조·변조 또는 훼손	3배이내	2015
대리점거래의 공정화에 관한 법률	공급업자	− 구입 강제 − 이익제공 강요	3배이내	2016
특허법	침해자	− 특허권의 침해 − 전용실시권의 침해	3배이내	2019
실용신안법	침해자	− 실용신안권의 침해 − 전용실시권의 침해	3배이내	2019
디자인보호법	침해자	− 디자인권의 침해 − 전용실시권의 침해	3배이내	2020
상표법	침해자	− 상표권의 침해 − 전용실시권의 침해	3배이내	2020
부정경쟁방지 및 영업비밀보호에 관한 법률	침해자	− 타인의 기술적 또는 영업상의 아이디어가 포함된 정보의 부정사용행위 − 영업비밀 침해행위	3배이내	2019

그러나 우리나라에서 징벌적 손해배상제도를 도입하게 된 배경을 들자면, 첫째, 소비자를 대상으로 하는 악의적인 영리형 불법행위, 사회적·경제적 지위를 내세운 부당한 강요행위 등이 여러 피해를 야기하고 있는 상황에서 징벌적 손해배상이 악의적 가해자를 응징하는 제재적 기능을 수행할 수 있다는 점, 둘째, 가해자가 불법행위로 취득한 부당이익을 환수함으로써 불법행위의 재발을 실효적으로 방지할 수 있다는 점, 그리고 셋째, 현재까지는 재산적 손해 외에 비재산적 손해에 대해서는 충분한 배상이 이루어지지 않고 있다고 판단되므로 징벌적 손해배상이 재산적 손해를 충분히 배상할 수 있도록 하는 전보적 기능을 지닐 수 있다는 점을 들 수 있다.

개정된 제조물책임법에서 징벌적 손해배상제도를 도입하였는데, 제조업자가 제조물의 결함을 알면서도 그 결함에 대하여 필요한 조치를 취하지 아니한 결과로 생명 또는 신체에 중대한 손해를 입은 자가 있는 경우에는 그 자에게 발생한 손해의 3배를 넘지 아니하는 범위에서 배상책임을 진다는 것이다. 이 경우 법원은 배상액을 정할 때 다음의 사항을 고려하여야 한다.

[참고] 징벌적 손해배상에서 배상액 결정의 고려사항

1. 고의성의 정도
2. 해당 제조물의 결함으로 인하여 발생한 손해의 정도
3. 해당 제조물의 공급으로 인하여 제조업자가 취득한 경제적 이익
4. 해당 제조물의 결함으로 인하여 제조업자가 형사처벌 또는 행정처분을 받은 경우 그 형사처벌 또는 행정처분의 정도
5. 해당 제조물의 공급이 지속된 기간 및 공급 규모
6. 제조업자의 재산상태
7. 제조업자가 피해구제를 위하여 노력한 정도

---

4. 증명책임으로서 결함과 인과관계의 법률상 추정

가. 증명책임의 소재와 경감

제조물의 결함에 기인하는 손해에 대한 배상책임을 제조업자 등에 대하여

추궁하기 위해서는 제조물의 결함에 의해 당해 손해가 발생하였다고 하는 점, 즉 결함의 존재와 결함과 손해발생간의 인과관계가 있어야 한다.

본법에서는 제조물의 결함을 원인으로 손해배상을 청구하는 경우의 증명책임에 대해서는 제3조 제1항에 의해 정해지게 되며 손해배상을 청구하는 자에게 요건사실을 증명할 책임을 지는 것은 증명책임 분배의 원칙상 당연하다.

현행의 재판실무에서는 제조물에 의한 사고가 일어난 경우 그 제조물의 종류, 결함의 태양, 제조 후 사고발생까지의 기간, 제조물의 사용상황, 증거의 편재 상황 등의 여러 가지 사정을 법원이 종합적으로 고려해서 개개의 사안에 따라서 결함이나 인과관계의 존재, 결함의 존재시기가 인정되고 있다. 이러한 인정에 있어서는 경험칙이나 사실상의 추정 등이 사안에 따라서 활용되며, 사안에 따른 공평한 피해자의 증명부담의 경감이 도모되고 있다.

나. 결함의 존재와 인과관계의 법률상 추정

2018년 4월 19일부터 시행된 개정 제조물책임법은 일반국민의 예측 가능성과 법적 안정성을 보장하기 위해 기존 대법원 판례의 내용을 법제화함으로써 피해자의 증명책임을 완화하려는 노력을 하였다. 즉, 피해자가 제조물을 정상적으로 사용하는 상태에서 손해가 발생하였다는 점 등 세 가지 간접사실을 증명하면 그 제조물에 결함이 있었고(결함의 존재), 그 제조물의 결함으로 말미암아 손해가 발생한 것(결함과 손해 사이의 인과관계)으로 추정할 수 있는 규정을 신설하였다.

세 가지 간접사실은 ① 해당 제조물이 정상적으로 사용되는 상태에서 피해자의 손해가 발생하였다는 사실, ② 그 손해가 제조업자의 실질적 지배영역에 속한 원인으로부터 초래되었다는 사실, ③ 그 손해가 해당 제조물의 결함없이는 통상적으로 발생하지 아니한다는 사실이다.

개정 전의 법률에서는 피해자가 ① 제조물의 결함, ② 손해의 내용 및 ③ 결함과 손해 사이의 인과관계를 모두 증명해야 하나, 법원은 정상적 사용상태에서 손해가 발생한 사실 등의 간접사실을 증명하면 결함 및 인과관계를 추정하는 법률상 추정규정이 신설된 것이다. 다만, 제조업자가 제조물의 결함이 아닌 소비자의 고의·과실 등 다른 원인으로 인하여 그 손해가 발생하였다는 사실을 증명한 경우에는 예외를 인정함으로써 제조업자가 책임을 면할 수 있다.

[판례] 사실상의 추정칙으로 증명책임의 완화요건

[1] "고도의 기술이 집약되어 대량으로 생산되는 제품의 결함을 이유로 그 제조업자에게 손해배상책임을 지우는 경우 그 제품의 생산과정은 전문가인 제조업자만이 알 수 있어서 그 제품에 어떠한 결함이 존재하였는지, 그 결함으로 인하여 손해가 발생한 것인지 여부는 일반인으로서는 밝힐 수 없는 특수성이 있어서 소비자 측이 제품의 결함 및 그 결함과 손해의 발생과의 사이의 인과관계를 과학적·기술적으로 증명한다는 것은 지극히 어려우므로 그 제품이 정상적으로 사용되는 상태에서 사고가 발생한 경우 소비자 측에서 그 사고가 제조업자의 배타적 지배하에 있는 영역에서 발생하였다는 점과 그 사고가 어떤 자의 과실 없이는 통상 발생하지 않는다고 하는 사정을 증명하면, 제조업자 측에서 그 사고가 제품의 결함이 아닌 다른 원인으로 말미암아 발생한 것임을 증명하지 못하는 이상 그 제품에게 결함이 존재하며 그 결함으로 말미암아 사고가 발생하였다고 추정하여 손해배상책임을 지울 수 있도록 증명책임을 완화하는 것이 손해의 공평·타당한 부담을 그 지도원리로 하는 손해배상제도의 이상에 맞다."

〈대법원 2004. 3. 12. 선고 2003다16771 판결〉

5. 제조업자의 면책사유

제조업자 등이 제조물책임을 부담하는 경우에 당해 제조업자가 일정한 사정을 증명함으로써 제조물책임법 제3조에 규정하는 배상책임을 면한다는 취지이며, 민법 기타의 법률에 의해 발생한 손해배상책임에 대해서까지 효력이 미치는 것은 아니다.

면책사유는 네 가지를 규정하고 있는데 첫째, 제조업자가 당해 제조물을 공급하지 아니한 사실, 둘째, 제조업자가 당해 제조물을 공급한 때의 과학·기술수준으로는 결함의 존재를 발견할 수 없었다는 사실, 셋째, 제조물의 결함이 제조업자가 당해 제조물을 공급할 당시의 법령이 정하는 기준을 준수함으로써 발생한 사실, 넷째, 원재료 또는 부품의 경우에는 당해 원재료 또는 부품을 사용한 제조물 제조업자의 설계 또는 제작에 관한 지시로 인하여 결함이 발생하였다는 사실 등이다.

가. 제조업자가 당해 제조물을 공급하지 아니한 사실

판매를 위해 생산되었으나 아직 유통되지 않은 결함제조물에 의해 기업의 고용인이 상해를 입은 경우에는 제조업자는 제조물책임을 부담하지 않는다. 그러나 제품으로서 이미 유통되어 사용된 결함부품 또는 결함원료에 의해 피해가 발생한 경우에는 당해 고용인은 결함부품 또는 결함원료의 제조업자에 대하여 제조물책임을 물을 수 있을 것이다.

나. 개발위험의 항변(기술수준의 항변)

개발위험이라 함은 "제품을 유통시킨 시점에 있어서 과학·기술의 수준에 의해서는 거기에 내재하는 결함을 발견하는 것이 불가능한 위험"을 말한다. 제조업자에게 개발위험에 대해서까지 책임을 부담시키면 연구 및 기술개발이 저해되거나 소비자의 실질적인 이익을 저해하는 것이 아닌가라는 점에서 당해 결함이 개발위험에 해당된다는 것을 제조업자가 증명한 경우에는 제조업자의 책임을 면하게 하는 '개발위험의 항변'이 필요하다는 것이다. 또한 '개발위험의 항변'을 제조업자의 면책사유로 명시함으로써 고도의 과학·기술수준에 관한 예견가능성에 관한 증명책임이 제조업자에게 귀속하는 것이 명백하게 되며 심리의 신속에 도움이 된다고 생각된다. 또한 '개발위험의 항변'에 대한 판단기준과 관련하여 「과학·기술의 수준」에 대한 해석이 문제로 되지만 본법에 있어서도 「과학·기술의 수준」이라고 하면 결함의 유무를 판단함에 있어서 영향을 받을 정도로 확립된 지식의 총체이며, 또한 특정인이 가진 것이 아니라 객관적으로 사회에 존재하는 지식의 총체를 가리키는 것이다. 즉 다른 곳에 영향을 미칠 수 있을 정도로 확립된 지식이라면 초보적인 지식에서 최고수준의 지식까지 전부가 포함되게 되며 스스로 면책되기 위해서는 당해 결함 여부의 판단에 필요한 입수가능한 최고수준의 지식에 비추어 결함이라는 것을 인식할 수 없었다는 것을 증명하는 것이 필요하다. 따라서 개발위험의 항변에 대해서는 입수가능한 최고의 과학·기술의 수준이 판단기준으로 취해지는 것이라고 해석된다.

다. 구속적(강제적) 법령기준 준수의 항변

구속적(강제적) 법령에서 정한 기준이라 함은 "국가가 제조업자에 대하여 법률이나 규칙 등으로 일정한(최고기준인) 제조방법을 강제하고 있고 제조업자로서는 제조하는 이상 그 기준을 따를 수밖에 없고 또한 국가가 정한 기준 자체가 정당한 안전에의 기대에 합치하지 않음으로 해서 필연적으로 결함있는 제조물이 나올 수밖에 없는 그런 성격의 것"을 의미한다.

남유럽의 국가에서는 열화를 방지하기 위해 버터에 일정한 화학물질을 첨가하는 것이 법적으로 강제되어 있는데, 이 화학물질의 첨가물은 발암성이 있다고 지적되고 있다. 따라서 제조업자가 법적 책임을 지지 않으려면 화학물질을 첨가하도록 강제하고 있는 법률 때문에 부득이 첨가하게 되었으므로 이는 법률 위반이 되지 않는다는 것을 증명하여야 한다.

법령이 정하는 기준이라는 개념은 엄밀히 말하면 법률에 규정된 제조방법에 관한 행정법상의 구속적인 규칙을 의미하고 있다. 법령에 규정된 제조방법 때문에 결함이 발생하였다는 것은 제조업자가 증명하여야 한다. 동 규정에 따라 면책이 인정되는 경우에는 피해자는 기준의 제정권자인 국가에 대하여 국가배상법상 손해배상청구권을 가지게 되는 것으로 볼 수 있다.

라. 원재료 또는 부품 제조업자의 항변

부품·원재료 제조업자의 항변은 제조물책임이 당해 제조물의 결함 존재 여부에 따라 손해배상책임을 인정하는 것인 이상 부품·원재료이더라도 결함이 존재한다고 하면 그 제조업자는 손해배상책임을 지게 된다.

그러나 당해 부품·원재료를 사용하여 다른 제조물을 생산하는 자의 설계 또는 제작에 관한 지시로 인하여 당해 부품·원재료에 결함이 발생하였을 경우에는 당해 부품·원재료의 제조업자는 손해배상책임이 면제된다.

마. 사후개선조치를 소홀히 한 경우의 면책사유 불인정

이상과 같은 제조업자의 면책사유가 있더라도 제조업자 또는 보충적으로 책임을 지게 되는 공급업자가 제조물을 공급한 후에 당해 제조물에 결함이 존재한다는 사실을 알거나 알 수 있었음에도 그 결함에 의한 손해의 발생을 방지하기 위한 적절한 조치를 하지 아니한 때에는 제1항 제2호 내지 제4호의 규정(개발위험의 항변, 구속적 법령기준 준수의 항변 및 부품·원재료 제조업자의 항변)에 의한 면책을 주장할 수 없다. 따라서 제조물을 공급한 자는 사후에 제조물을 주의 깊게 관찰하고, 만약에 결함이 확인되면 즉시 리콜 등의 개선조치를 취하거나 설계의 변경 등의 조치를 취하여 소비자에 대한 안전조치를 취하여야 한다.

6. 연대책임과 면책특약의 제한

가. 연대책임

결함이 있는 제품의 제조에 관여한 자가 2인 이상일 경우에는 관여한 자 모두가 연대하여 손해배상책임을 지게 된다. 이러한 연대책임자의 피해자에 대한 손해배상책임은 공동불법행위가 성립하는가 여부를 묻지 않고 원칙적으로 각각의 책임주체가 피해자에 대하여 자기의 책임원인과 상당 인과관계에 있는 모든 손해에 대하여 배상할 의무를 지게 된다(다른 책임주체가 이행한 한도에서 배상의무를 면하는 것은 당연하다).

결함제품에 의한 사고가 발생하고 복수의 책임주체가 손해배상의무를 지는 경우 그 책임주체 사이에 있어서는 손해에 대한 각자의 기여도에 따라서 부담부분이 결정되게 된다. 복수의 책임주체 중에서 피해자에게 손해배상의무를 먼저 이행한 자는 자기의 부담부분을 초과하는 부분에 대하여 다른 책임주체에 대하여 구상권을 취득하게 된다.

나. 면책특약의 제한

이 법에 의한 자기의 제조물책임을 배제하거나 제한하는 특약은 무효가 된다. 이것은 주로 소비자와의 관계에서 한 면책특약을 제한하는 데 의의가 있다. 그러나 자신의 영업에 이용하기 위하여 제조물을 공급받은 자가 자신의 영업용 재산에 대하여 발생한 손해에 관하여 그와 같은 특약을 체결한 경우에는 무효로 하지 아니한다고 규정하고 있다.

이러한 면책특약을 하더라도 그 효력은 자기의 직접거래상대방인 사업자에게 미칠 뿐이며 제조물을 인도한 모든 자에게 미치는 것은 아니므로 예외적으로 면책특약을 인정하고 있는 것이다. 또한, 사전에 제조업자의 손해배상책임을 제한하거나 면제하는 뜻의 기재가 제품의 표시나 취급설명서 등에 있고, 그 효력이 거래의 상대방과의 사이에서 문제로 되는 경우에도 인적손해에 관한 면책특약에 대해서는 본법의 규정에서도 특약을 허용하지 않고 있으므로 당연히 무효이며, 공서양속의 위반(민법 제103조)을 이유로 일률적으로 무효가 된다고도 해석된다.

7. 소멸시효 등

가. 소멸시효와 책임기간

제조물책임법에 따른 손해배상의 청구권은 피해자 또는 그 법정대리인이 손해 및 손해배상책임을 지는 자를 모두 알게 된 날부터 3년간 행사하지 아니하면 시효의 완성으로 소멸한다.

또한 동법에 따른 손해배상의 청구권은 제조업자가 손해를 발생시킨 제조물을 공급한 날부터 10년 이내에 행사하여야 한다. 다만, 신체에 누적되어 사람의 건강을 해치는 물질에 의하여 발생한 손해 또는 일정한 잠복기간(潛伏期間)이 지난 후에 증상이 나타나는 손해에 대하여는 그 손해가 발생한 날부터 기산(起算)한다.

이 규정은 제조물책임의 성격을 고려하면서 소멸시효와 제척기간을 규정한 것이다. 민법 제766조의 장기의 기간제한에 대해서는 판례상 제척기간이라고 해석되고 있으며, 동법에 있어서도 같은 견해에 있으며 기산점 및 제척기간의 장기에 대해서 제조물책임의 성격 등을 고려해서 특별히 규정하고 있다. 즉 책임주체마다에 당해 제조물을 인도한 때로부터 10년으로 하고 있다.

제조물의 결함에 기인하는 손해 중에는 제조물의 사용개시 후 일정한 기간을 경과한 후 예상외의 손해가 발생하는 경우가 있으며 제조물의 통상사용기간을 전제로 하는 제척기간을 적용하면 그 기간의 경과 후에 손해가 발생한 손해에 대해서는 동법에 의한 손해배상청구소송을 일체 제기할 수 없게 된다. 이 때문에 본법에서는 피해자보호의 관점에서 이러한 손해의 경우 제척기간의 특칙으로서 기산점을 「손해가 발생한 때」로 하는 규정을 두었다.

나. 「민법」의 적용

본 법은 과실책임주의에 기한 민법의 불법행위책임제도에 더하여 새롭게 결함을 책임요건으로 하는 불법행위책임제도인 제조물책임제도를 도입하는 것이며, 민법의 불법행위책임제도의 특칙이 되는 것이고 본법에 특별한 규정이 없는 사항에 대해서는 민법의 규정이 적용되는 것을 명확하게 하고 있다.

민법에 의한 보충적인 적용이 예상되는 것으로 과실상계규정이 있다. 과실상계에 대해서는 불법행위에 일반적으로 적용된다는 뜻의 명문의 규정(민법 제763조, 제396조 준용)이 있다. 과실상계는 가해자 측에 전면적으로 손해배상책임을 부담시키는 것이 공평하지 않은 사정이 피해자 측에 있는 경우에 손해배상액을 감액하는 제도이며 배상해야 할 손해액을 정함에 있어서 피해자의 「과실」을 고려한다는 것이다. 이 경우에 고려되는 피해자의 과실은 과실책임에 있어서 책임요건으로서의 「과실」과는 같은 것은 아니고 넓게 「피해자 측의 부주의」로 해석되고 있다. 제조물의 결함을 청구원인으로 하는 손해배상책임에 있어서도 과실상계를 하는 것은 방해되어야 할 것은 아니므로 민법에 의하여 보충적으로 적용되게 된다.

제7절 | 민법 및 상법

1. 민법

민법은 개인과 개인 사이의 재산관계와 가족관계에 관하여 적용하는 사법의 기본법이다. 특히 사업자와 소비자 사이에서 일어나는 계약상의 책임과 불법행위책임에 관하여 기본적으로 적용되는 법은 민법으로서 채무불이행책임, 하자담보책임, 계약해제 및 손해배상책임에 관한 규정이 대부분 적용된다.

가. 미성년자가 체결한 계약의 효력

민법 제4조에서는 "사람은 19세로 성년에 이르게 된다."라고 규정하고 있다. 따라서 성년이 되지 못한 미성년자가 법률행위(예컨대 계약)를 함에는 법정대리인의 동의를 얻어야 한다(민법 제5조). 법정대리인의 동의를 얻지 아니한 법률행위는 미성년자 본인이나 법정대리인이 취소할 수 있다. 취소하게 되면 소급하여 처음부터 무효가 되고 당사자는 계약한 제품을 돌려주고 대금을 반환받게 되는 원상회복의무가 있다. 예를 들면 미성년자가 친권자인 부모의 동의없이 고가의 제품을 구입하는 계약을 체결하였을 경우, 미성년자 본인이나 친권자가 계약을 취소하면 미성년자는 지급한 대금을 돌려받게 되고, 구입한 제품을 현상 그대로 돌려주면 된다.

그러나 친권자인 법정대리인의 동의없이도 미성년자가 단독으로 유효한 법률행위를 할 수 있는 예외가 있다. 권리만을 얻거나 의무만을 면하는 행위(민법 제5조 제1항 단서), 법정대리인이 범위를 정하여 처분을 허락한 재산의 임의처분(민법 제6조), 미성년자가 법정대리인으로부터 허락을 얻은 특정한 영업에 관한 행위(민법 제8조), 대리행위(민법 제117조), 유언행위(민법 제1062조) 등이 있다. 또한 미성년자가 부모의 동의를 얻어서 법률상 혼인을 한 경우에는 성년자로 보기 때문에(성년의제, 민법 제826조의2) 단독으로 유효한 법률행위를 할 수 있다.

나. 채무불이행책임

채무자가 채무의 내용에 좇은 이행을 하지 아니한 때에는 채권자는 손해배상을 청구할 수 있다(민법 제390조). 이 조항은 채무불이행에 관한 기본적인 조항이며, 채무불이행의 유형은 이행지체, 이행불능, 불완전이행의 세 가지가 있다. 예컨대 자동차를 구입하기로 계약을 체결하였는데 자동차 인도일을 지나도 자동차를 인도해 주지 아니하여 독촉을 하자 출고가 늦어서 그렇다고 하면서 몇 개월 기다려야 한다는 답변을 들었을 때 이는 이행지체에 해당하며, 이때 소비자는 자동차회사를 상대로 손해배상을 청구하거나 계약을 해제할 수 있다.

다. 하자담보책임

매매의 목적물에 하자가 있는 때에 매수인(소비자)이 매도인(판매자)에게 손해배상청구 또는 계약해제를 할 수 있는 것을 내용으로 하는 책임에 관한 것을 하자담보책임이라고 한다(민법 제580조). 이 경우 매수인이 하자있는 것을 알았거나 과실로 인하여 이를 알지 못한 때에는 책임을 물을 수 없다. 이러한 매수인의 권리는 매수인이 그 사실을 안 날로부터 6월내에 행사하여야 한다.

매도인의 하자담보책임은 채무자인 매도인의 귀책사유를 요하지 아니하는 무과실책임으로서의 대금감액과 해제(대금 및 계약비용의 반환)의 양자를 그 본질적 내용으로 하는 제도이다. 이 점에서 채무자의 귀책사유를 요건으로 하여 손해배상과 해제를 그 효과로 하는 일반적 채무불이행책임과 구별된다.

민법이 하자담보책임을 인정하는 이유는 매매의 당사자가 지급하는 급부와 반대급부의 균형, 즉 등가성을 유지하기 위함이다. 즉 매도인이 인도하는 목적물에는 하자가 있을 수 있으나, 매수인이 지급하는 대금에는 하자가 있을 수 없으므로 매매의 등가성을 유지하기 위하여 하자담보책임을 인정하는 것이다. 그리고 이러한 책임은 매매이외의 유상계약에도 준용된다.

(1) 계약해제권

매매목적물에 하자가 있어 그로 말미암아 계약의 목적을 달성할 수 없는 경우에 매수인에게 계약해제권을 부여한다. 담보책임의 해제권은 채무자의 귀책사유를 요건으로 하지 않으므로 채무불이행으로 인한 해제권이 아니며 별도의 법정해제권이다. 해제권의 행사 및 해제의 효과는 제543조 이하의 일반원칙에 따른다.

(2) 대금감액청구권

대금감액청구권은 매수인이 매도인에 대해 일정액의 미지불금액의 감면 또는 기지불대금의 일부반환을 청구하는 권리로서 계약의 일부해제에 해당할 것이다. 대금감액청구권은 양급부의 등가관계를 재조정하는 취지로 매도인의 귀책사유나 매수인의 선의·악의를 묻지 않고 등가관계의 파괴만 있으면 인정된다.

(3) 손해배상청구권

선의의 매수인은 계약해제권이나 대금감액청구권과 함께 손해배상청구권을 갖는다. 매도인에게 하자담보책임을 물어 손해배상을 청구할 수 있는 범위는 신뢰이익의 배상, 즉 문제되는 하자가 없는 상태로 계약을 한 것이라 믿었기 때문에 발생한 손해에 국한된다.

그러한 이익에는 만일 해당 하자 내지 결함에 대해 미리 알게 되었다면 실제 지급한 매매대금을 지급하지 않았을 것인데 하자가 존재하지 않는다고 신뢰하였기 때문에 지급하였던 대금에 대한 손해, 즉 대금감액 손해가 포함된다. 초기의 대법원판례는 매도인의 손해배상을 무과실의 신뢰이익배상으로 보았으나,[9] 현재에는 무과실의 이행이익배상으로 보고 있다.[10]

(4) 완전물급부청구권

종류매매에 있어서는 특정물매매와 달리 매수인이 해제의 효과로서 대금 및 계약비용의 반환을 구하는 대신에 하자없는 완전한 물건의 급부를 청구할 수 있다(민법 제581조 제2항). 매수인이 완전물급부청구권을 행사하는 경우에 이행이익배상의 문제는 발생하지 않지만 완전물의 급부가 이행기 후에 이루어진 경우에는 매도인은 그 지연으로 인한 매수인의 손해를 배상할 의무(지연배상의무)가 있다고 해석된다.

(5) 하자보수청구권

채무불이행책임설에 의하면 하자 있는 물건을 인도한 매도인은 그의 완전물

---

9) 대법원 1957. 10. 30. 선고 4290민상552 판결.
10) 대법원 1967. 5. 18. 선고 66다2618 판결.

급부의무를 다하지 않았으므로 그 하자 보완가능한 경우에 그를 보완해 줄 의무가 있다고 해석한다. 그러나 하자보수청구권은 특정물도그마에 기초한 법정책임설에 의하면 보완의무는 인정될 수 없다. 하자가 보수(수리)로 제거될 수 있는 경우에는 매수인은 그의 선택에 따라 계약해제, 손해배상청구, 완전물급부청구 대신에 하자보수청구를 할 수 있다는 것이다.

라. 불법행위책임

고의 또는 과실로 인한 위법행위로 타인에게 손해를 가한 자는 그 손해를 배상할 책임이 있다(민법 제750조). 일상생활에서 계약관계 있는 당사자 사이에 발생하는 계약책임과 함께 계약관계가 없는 당사자 사이에서 발생하는 손해배상책임이 바로 불법행위책임이다.

나아가 타인의 신체, 자유 또는 명예를 해하거나 기타 정신상 고통을 가한 자는 재산이외의 손해에 대하여도 배상할 책임이 있다(민법 제751조 제1항). 그리고 타인의 생명을 해한 자는 피해자의 직계존속, 직계비속 및 배우자에 대하여는 재산상의 손해가 없는 경우에도 손해배상의 책임이 있다(민법 제752조).

불법행위는 법률의 근본목적에 어긋나고, 법률질서를 깨뜨리는 행위로서, 법률이 그 본질상 이를 허용할 수 없는 것으로 평가하는 행위를 말한다. 이와 같이 타인에게 손해를 주는 위법한 행위를 한 자는 피해자에게 그 행위로 말미암아 생긴 손해를 배상하여야 한다. 민법상 불법행위책임은 과실책임주의(과실 있으면 책임 있고 과실 없으면 책임 없다)를 원칙으로 하고 있으며, 단지 예외적으로 위험성이 큰 기업의 책임 등에 대해서는 무과실책임주의를 취하는 경우도 있다.

불법행위에 의한 손해배상책임과 채무불이행에 의한 손해배상책임과의 관계에 대해서는 채권자(즉 피해자)의 선택에 따라 계약책임 또는 불법행위책임을 물을 수 있다는 청구권경합설이 학설과 판례의 입장이다. 불법행위책임은 피해자가 가해자의 고의나 과실을 입증(증명)해야 한다는 점, 공동불법행위의 경우 연대책임이 생긴다는 점(민법 제760조), 그리고 3년의 소멸시효에 걸린다는 점, 채무자인 가해자가 상계를 할 수 없다는 점에서 계약책임과 구별된다.

불법행위에서의 과실이라 함은 보통 추상적 경과실을 가리키나, 실화책임에 관한 법률[11]에서는 경과실은 면책되고 고의와 중과실의 경우에만 책임을 진다.

고의·과실의 입증(증명)책임은 불법행위의 성립을 주장하는 피해자가 진다. 불법행위책임은 재산적 이익(즉 소유권·점유권·제한물권·무체재산권·광업권·어업권·용수권·채권·상호 등)의 침해가 있는 경우 뿐 아니라, 인격권(예: 생명·신체·자유·명예·정조·초상·성명·생활방해 등) 및 가족권의 침해가 있는 경우에도 생긴다. 권리 등이 침해되었더라도 그 행위가 정당방위(민법 제761조 제1항)·긴급피난(민법 제761조 제2항) 또는 자력구제·정당행위가 되거나 피해자의 승낙이 있은 경우에는 위법성이 조각되어 불법행위책임이 생기지 않는다.

2. 상법

상법은 상인과 상인 사이의 사법적인 법률관계에 관하여 규정한 민법의 특별법으로서 상인과 비상인 사이에도 적용된다. 따라서 소비자와 사업자 사이에 일어나는 법률관계에도 적용될 수 있는데 소비자와 관련되는 상법상의 규정으로는 명의대여자의 책임(상법 제24조)을 비롯하여 여객운송에서 여객이 받은 손해의 배상책임(상법 제148조 제1항)과 여객수화물에 관한 책임(상법 제149조, 제150조), 공중접객업자의 책임(상법 제151조에서 제154조), 창고업자의 손해배상책임(상법 제160조) 등을 들 수 있다.

가. 명의대여자의 책임

상법 제24조에 의하면 "타인에게 자기의 성명 또는 상호를 사용하여 영업을 할 것을 허락한 자는 자기를 영업주로 오인하여 거래한 제3자에 대하여 그 타인과 연대하여 변제할 책임이 있다."라고 규정하고 있다. 일반적으로 타인에게 하는 거래가 자기의 거래처럼 외형을 조작한 자는 이 외형을 신뢰하고 거래한 제3자에 대하여 스스로 책임을 져야 한다. 따라서 소비자가 유명상호나 회사이름을 믿고 거래한 경우에 비록 유명회사가 자신이 직접 영업행위를 하지 않았다고 주장하더라도 그 회사를 상대로 책임을 물을 수 있다.

---

11) 실화책임에 관한 법률의 목적은 "이 법은 실화(失火)의 특수성을 고려하여 실화자에게 중대한 과실이 없는 경우 그 손해배상액의 경감(輕減)에 관한 「민법」 제765조의 특례를 성함을 목석으로 한다(동법 제1조)."라고 규정하고 있다.

[판례] 타인과 동업계약을 체결하고 공동명의로 사업자등록을 하였다가 동업관
　　　계에서 탈퇴하고 사업자등록을 타인 단독명의로 변경한 사람이, 탈퇴
　　　이후의 거래 상대방에 대하여 상법 제24조에 의한 명의대여자의 책임
　　　을 부담하는지 여부
[1] 명의자가 타인과 동업계약을 체결하고 공동 명의로 사업자등록을 한 후 타
인으로 하여금 사업을 운영하도록 허락하였고, 거래 상대방도 명의자를 위 사
업의 공동사업주로 오인하여 거래를 하여온 경우에는, 그 후 명의자가 동업관
계에서 탈퇴하고 사업자등록을 타인 단독 명의로 변경하였다 하더라도 이를
거래 상대방에게 알리는 등의 조치를 취하지 아니하여 여전히 공동사업주인
것으로 오인하게 하였다면 명의자는 탈퇴 이후에 타인과 거래 상대방 사이에
이루어진 거래에 대하여도 상법 제24조에 의한 명의대여자로서의 책임을 부담
한다.
[2] 상법 제24조에서 규정한 명의대여자의 책임은 명의자를 사업주로 오인하
여 거래한 제3자를 보호하기 위한 것이므로 거래 상대방이 명의대여사실을 알
았거나 모른 데 대하여 중대한 과실이 있는 때에는 책임을 지지 않는다. 이때
거래의 상대방이 명의대여사실을 알았거나 모른 데 대한 중대한 과실이 있었
는지 여부에 대하여는 면책을 주장하는 명의대여자가 입증책임을 부담한다.
　　　　　　　　　　　　　〈대법원 2008. 1. 24. 선고 2006다21330 판결〉

나. 여객운송업자의 손해배상책임과 여객수화물에 관한 책임

　　상법 제148조 제1항에 의하면 "운송인(철도청이나 버스회사)은 자기 또는 사
용인이 운송에 관한 주의를 해태하지 아니하였음을 증명하지 아니하면 여객이
운송으로 인하여 받은 손해를 배상할 책임을 면하지 못한다." 그리고 제2항에는
"손해배상의 액을 정함에는 법원은 피해자와 그 가족의 정상을 참작하여야 한
다."라고 규정하고 있다.
　　상법 제149조 제1항에 의하면 "운송인은 여객으로부터 인도를 받은 수하물
에 관하여는 운임을 받지 아니한 경우에도 물건운송인과 동일한 책임이 있다."
또한 "수하물이 도착지에 도착한 날로부터 10일내에 여객이 그 인도를 청구하지
아니한 때에는 제67조의 규정을 준용한다. 그러나 주소 또는 거소를 알지 못하
는 여객에 대하여는 최고와 통지를 요하지 아니한다."라고 규정하고 있다. 상법

제67조는 상인간의 매매에서 매수인이 목적물의 수령을 거부하거나 이를 수령할 수 없는 때에는 매도인은 그 물건을 공탁하거나 상당한 기간을 정하여 최고한 후 경매할 수 있다는 규정이다. 이 경우에는 지체없이 매수인에 대하여 그 통지를 발송하여야 한다. 매수인에 대하여 최고를 할 수 없거나 목적물이 멸실 또는 훼손될 염려가 있는 때에는 최고없이 경매할 수 있다. 매도인이 그 목적물을 경매한 때에는 그 대금에서 경매비용을 공제한 잔액을 공탁하여야 한다. 그러나, 그 전부나 일부를 매매대금에 충당할 수 있다.

그리고 상법 제150조에 의하면 운송인은 여객으로부터 인도를 받지 아니한 수하물의 멸실 또는 훼손에 대하여는 자기 또는 사용인의 과실이 없으면 손해를 배상할 책임이 없다.

다. 공중접객업자의 책임

상법 제151조부터 제154조에서는 극장, 여관, 음식점 기타 객의 집래를 위한 시설에 의한 거래를 영업으로 하는 자인 공중접객업자에 관한 규정을 두고 있다.

[판례] 숙박업자의 투숙객에 대한 보호의무의 내용과 이를 위반한 경우의 책임
[1] 공중접객업인 숙박업을 경영하는 자가 투숙객과 체결하는 숙박계약은 숙박업자가 고객에게 숙박을 할 수 있는 객실을 제공하여 고객으로 하여금 이를 사용할 수 있도록 하고 고객으로부터 그 대가를 받는 일종의 일시 사용을 위한 임대차계약으로서 객실 및 관련 시설은 오로지 숙박업자의 지배 아래 놓여 있는 것이므로 숙박업자는 통상의 임대차와 같이 단순히 여관 등의 객실 및 관련 시설을 제공하여 고객으로 하여금 이를 사용·수익하게 할 의무를 부담하는 것에서 한 걸음 더 나아가 고객에게 위험이 없는 안전하고 편안한 객실 및 관련 시설을 제공함으로써 고객의 안전을 배려하여야 할 보호의무를 부담하며 이러한 의무는 숙박계약의 특수성을 고려하여 신의칙상 인정되는 부수적인 의무로서 숙박업자가 이를 위반하여 고객의 생명·신체를 침해하여 투숙객에게 손해를 입힌 경우 불완전이행으로 인한 채무불이행책임을 부담하고, 이 경우 피해자로서는 구체적 보호의무의 존재와 그 위반 사실을 주장·입증하여야 하며 숙

박업자로서는 통상의 채무불이행에 있어서와 마찬가지로 그 채무불이행에 관하여 자기에게 과실이 없음을 주장·입증하지 못하는 한 그 책임을 면할 수는 없다.

〈대법원 2000. 11. 24. 선고 2000다38718 판결〉

[판례] 숙박업소에서 투숙객이 객실을 사용하던 중 원인불명의 화재가 발생하였다면 손해는 누가 부담해야할까?

[1] 보험회사인 원고가 모텔 건물의 소유자와 보험계약을 체결한 후 모텔 객실에서 발생한 화재로 보험금을 지급하게 되자, 모텔 객실의 투숙객인 피고 등을 상대로 손해배상 명목의 구상금 지급을 청구한 사건에서, 숙박업자가 투숙객과 체결하는 숙박계약은 임대차계약과 유사한 측면이 있기는 하지만, 숙박업자의 투숙객에 대한 안전 배려 의무, 숙박시설 등에 대한 공중위생관리법상 위생적 안전관리 의무 등 여러 측면에서 통상의 임대차계약과는 다른 특수성을 갖고 있어 투숙객의 숙박기간 중에도 숙박업자가 객실 등 숙박시설에 대한 점유를 그대로 유지하는 것이 일반적이므로 특별한 사정이 없는 한 객실 등 숙박시설은 투숙객이 아닌 숙박업자의 지배 영역에 있다고 볼 수 있어 임대차 관련 법리가 숙박계약에 그대로 적용될 수 없음을 전제로, 투숙객이 숙박계약에 따라 객실을 사용·수익하던 중 발생 원인이 밝혀지지 않은 화재로 인하여 객실에 발생한 손해는 특별한 사정이 없는 한 숙박업자가 부담하여야 한다.

〈대법원 2023. 11. 2. 선고 2023다244895 판결〉

상법 제152조에 의하면 "공중접객업자는 객으로부터 임치를 받은 물건의 멸실 또는 훼손에 대하여 불가항력으로 인함을 증명하지 아니하면 그 손해를 배상할 책임을 면하지 못한다. 그리고 공중접객업자는 객으로부터 임치를 받지 아니한 경우에도 그 시설 내에 휴대한 물건이 자기 또는 그 사용인의 과실로 인하여 멸실 또는 훼손된 때에는 그 손해를 배상할 책임이 있다. 이때 객의 휴대물에 대하여 책임이 없음을 게시한 때에도 공중접객업자는 위의 책임을 면하지 못한다."라고 규정하고 있다.

[판례] 공중접객업자(여관주인)와 투숙객과의 법률문제
[1] 공중접객업자와 객 사이에 임치관계가 성립하려면 그들 사이에 공중접객업
자가 자기의 지배영역 내에 목적물 보관의 채무를 부담하기로 하는 명시적 또
는 묵시적 합의가 있음을 필요로 한다고 할 것이고, 여관 부설주차장에 시정장
치가 된 출입문이 설치되어 있거나 출입을 통제하는 관리인이 배치되어 있는
등 여관 측에서 그 주차장에의 출입과 주차시설을 통제하거나 확인할 수 있는
조치가 되어 있다면, 그러한 주차장에 여관투숙객이 주차한 차량에 관하여는
명시적인 위탁의 의사표시가 없어도 여관업자와 투숙객 사이에 임치의 합의가
있는 것으로 볼 수 있다.
[2] 공중접객업자가 이용객들의 차량을 주차할 수 있는 주차장을 설치하면서
그 주차장에 차량출입을 통제할 시설이나 인원을 따로 두지 않았다면, 그 주차
장은 단지 이용객의 편의를 위한 주차장소로 제공된 것에 불과하고, 공중접객
업자와 이용객 사이에 통상 그 주차차량에 대한 관리를 공중접객업자에게 맡
긴다는 의사까지는 없다고 봄이 상당하므로, 공중접객업자에게 차량시동열쇠
를 보관시키는 등의 명시적이거나 묵시적인 방법으로 주차차량의 관리를 맡겼
다는 등의 특수한 사정이 없는 한, 공중접객업자에게 선량한 관리자의 주의로
써 주차차량을 관리할 책임이 있다고 할 수 없다.
〈대법원 1998. 12. 8. 선고 98다37507 판결〉

그러나 상법 제153조에 의하면 "화폐, 유가증권 기타의 고가물에 대하여는
객이 그 종류와 가액을 명시하여 임치하지 아니하면 공중접객업자는 그 물건의
멸실 또는 훼손으로 인한 손해를 배상할 책임이 없다."라고 규정하고 있다.

[판례] 여관투숙객이 승용차를 전용주차장에 주차하였다가 도난당한 경우 공중
접객업자(여관주인)의 책임
[1] 상법 제152조 제2항 소정의 객이 공중접객업자의 시설 내에 휴대한 물건
이라 함은 객이 공중접객업자에게 보관하지 아니하고 그 시설 내에서 직접 점
유하는 물건을 의미하는 것으로 반드시 객이 물건을 직접 소지함을 요하는 것
은 아니므로, 객이 여관에 투숙하면서 그의 승용차를 그 전용주차장에 주차하
였다면 이는 공중접객업자의 시설 내에 이를 휴대한 것으로 볼 것이고, 또한

상법 제153조 소정의 고가물이라 함은 그 용적이나 중량에 비하여 그 성질 또
는 가공정도 때문에 고가인 물건을 뜻하는 것이고 승용차는 이에 해당하지 아
니하므로 객이 그 종류와 수량을 명시하여 임치한 바 없더라도 그의 승용차를 도
난당한 경우에는 공중접객업자는 상법 제152조 제2항에 따른 책임을 부담한다.
〈광주고등법원 1989. 2. 15. 선고 88나3986 판결〉

이상의 공중접객업자의 책임은 공중접객업자가 임치물을 반환하거나 객이
휴대물을 가져간 후 6월을 경과하면 소멸시효가 완성하여 책임이 없다. 시효기
간은 물건이 전부 멸실한 경우에는 객이 그 시설을 퇴거한 날로부터 기산한다.

라. 창고업자의 손해배상책임

상법 제155조에 의하면 타인을 위하여 창고에 물건을 보관함을 영업으로 하
는 자를 창고업자라 한다. 해외근무나 여러 가지 사정으로 몇 개월 또는 일시적
으로 가재도구들을 맡기는 법률관계는 임치계약에 의하게 되는데 이때 창고업자
는 자기 또는 사용인이 임치물의 보관에 관하여 주의를 해태하지 아니하였음을
증명하지 아니하면 임치물의 멸실 또는 훼손에 대하여 손해를 배상할 책임을 면
하지 못한다(상법 제160조).

당사자가 임치기간을 정하지 아니한 때에는 창고업자는 임치물을 받은 날로
부터 6월을 경과한 후에는 언제든지 이를 반환할 수 있다. 임치물을 반환함에는
2주간 전에 예고하여야 한다. 부득이한 사유가 있는 경우에는 창고업자는 언제
든지 임치물을 반환할 수 있다(상법 제163조).

참고문헌

고형석, "선불식 할부거래와 소비자보호 ― 미등록 선불식 할부거래 및 해약환급금을 중심으로 ― ", 「서울법학」 제19권 제3호, 서울시립대학교 법학연구소, 2012.02.

고형석, "선불식 할부계약에 관한 연구", 「홍익법학」 제10권 제3호, 홍익대학교 법학연구소, 2009.10.

고형석·서민교, "전자상거래에 있어서 소비자의 청약철회권에 관한 연구", 「인터넷전자상거래연구」 제3권 제1호, 한국인터넷전자상거래학회, 2003.02.

김도년, "소비자보호법상 청약철회권 행사와 사업자의 부당행위 ― 사업자의 청약철회권 배제사유 남용행위를 중심으로 ― ", 「소비자법연구」 제5권 제1호, 한국소비자법학회, 2019.03.

김성천, 「소비자철회권 비교법 연구」, 정책연구보고서 10 ― 12, 한국소비자원, 2010.12.

김성천, 「소비자권리 : 과거, 현재 그리고 미래」, 소비자정책동향 제33호, 한국소비자원, 2012.05.30.

김준호, 「채권법 ― 이론·사례·판례 ― (제10판)」, 법문사, 2019.01.

박희주, 「개정 소비자기본법 해설」, 정책연구보고서 07 ― 07, 한국소비자원, 2007.07.

이금노, 「소비자권익 관점의 약관규제 개선방안 연구」, 정책연구보고서 14 ― 22, 한국소비자원, 2015.01.

장윤순, "다단계판매 규제 및 개선방안에 관한 연구", 「법학논총」 제38권 제1호, 전남대학교 법학연구소, 2018.02.

최병록, 「개정 제조물책임법」, 박영사, 2019.05.

판례색인

사항색인

저자 약력

경북대학교 법과대학 법학과 및 동 대학원 졸업(법학박사)
경북대학교 법과대학 강사 역임
한국소비자원 법제연구팀장 역임
한국표준협회, 한국능률협회를 비롯한 기업체 제조물책임법 강사
산업통상자원부 품질경영대상(대통령상) 고객만족경영 부문 심사위원
산업통상자원부 품질경쟁력 우수 100대기업, 50대중소기업 심사위원
한국소비자원 소비자분쟁조정위원회 비상임 분쟁조정위원
공정거래위원회/한국소비자원 CCM(소비자중심경영) 심사위원
사법시험(민법, 경제법), 변호사시험(민법), 입법고시(상황판단영역), 공인중개사,
주택관리사(보), 세무사, 공인노무사, 가맹거래사 등 출제위원
현재 서원대학교 공공서비스대학 경찰학부 교수(민법담당)

저 서

생활 속의 법의 이해
제조물책임법: 이론과 판례(제2판)
지식재산권의 이해
협동조합기본법
PL법과 기업의 대응방안(하종선·최병록 공저)
제조물책임법과 결함방지대책(하종선·최병록 공저)
소비자법과 정책(최병록 외 4인 공저)
최신 소비자법과 정책(최병록 외 1인 공저)
역사 속 인물에게 배우는 지혜

제2판
소비자와 권리

초판발행	2019년 8월 25일
제2판발행	2024년 2월 28일
지은이	최병록
펴낸이	안종만·안상준
편 집	이승현
기획/마케팅	김한유
표지디자인	Benstory
제 작	고철민·조영환
펴낸곳	(주) 박영사
	서울특별시 금천구 가산디지털2로 53, 210호(가산동, 한라시그마밸리)
	등록 1959. 3. 11. 제300-1959-1호(倫)
전 화	02)733-6771
f a x	02)736-4818
e-mail	pys@pybook.co.kr
homepage	www.pybook.co.kr
ISBN	979-11-303-4675-5 93360

정 가   13,000원